会社を継ぐあなたが知っておくべき
事業承継
そのプロセスとノウハウ
「ストーリー＋解説」で理解する32のポイント

朝日税理士法人
小島規彰

青月社

はじめに

ＫＫＤ（勘、経験、度胸）を頼りに会社を大きくしたカリスマ社長。ところがそれは昔の話で、業績悪化が続いているのが現状。カリスマ社長はその手腕を振るっているつもりでも、思うようにならない。

そうこうするうち、社長もいい年齢になってきた。会社を存続させるには、誰かにバトンタッチしなければならない。それはやはり息子・娘である自分なのか？

しかし、親子とはいえ、父親は自分とはまったく違うタイプの人間だ。ＫＫＤもない、技術もなければ営業に強いわけでもない。父親にあるものは自分には何もないじゃないか……。

会社を継ぐことなど考えたことはなかったが、あるきっかけを境に「自分が会社を継ぐ」と心に決める。

決めたはいいが何をすべきなのか？　父親のように振る舞ってみれば従業員はそっぽを向くし、問題は次から次へと発生し、会社がさらに傾き始めてしまった……。

カリスマ社長を引き継ぐことになると、このような悩みに直面する後継者の方が少なくないようです。せっかく継ぐと決めた会社が消えてしまっては、後悔極まりません。そうならないよう、後継者がしなければならないことや、幾例もの事業承継コンサルティングの現場を通じて得た実践的ノウハウをお伝えしたく、筆をとった次第です。

父親のようなカリスマ社長を目指さなくてもよいのです。あなたがすべきこと、それは父親のやり方と違っていておおいに結構。その方法を一言で表すならば「自立型組織の構築」です。

二代目は、従業員の持てる力を引き出し、最大限に発揮させながら組織力を高めていくことで会社を守り、そして再成長させていきましょう。進むべき方向性に従業員が向かい、目標を設定し、主体的に行動する。階層に関係なく相談し合い、知恵を出し合って問題を解決する。そういう形の組織を、本書では「自立型組織」と呼びます。

その実現を目指すためのノウハウを、本書では「ストーリー」と「要点の解説」というふたつのパートを用いて紹介しています。理解を助けるため、「ストーリー」パートの文中には▼**掟その1**といったアイコンを登場させ、続く「要点の解説」パートと対応できるよう、工夫しました。

一般に事業承継は、経営者の育成となる「経営承継」と株式等の「資産承継」のふたつからなります。本書の特徴は、前者の「経営承継」にフォーカスし、後継者の方々からいただいたご相談をもとに、立ちはだかる壁をどうやって乗り越えてきたか、その部分を時系列、体系的、かつ実践的な側面から整理したことです。事業承継は、長い時間にわたり神経をすり減らす、人生の一大プロジェクトですが、これから発生するであろう問題の解決方法を知っておけば、不安もいくぶんかは和らぐのではないでしょうか。

あなたの事業承継の間、悩んだときには本書を何度もめくり、ハンドブック的に使っていただければと思います。さらに、本書を手に取っていただきたいのは、カリスマ社長を引き継ぐことになる後継者の方々のみならず、現社長ならびに事業承継についてのアドバイスを行う立場の方々（税理士、金融機関担当者、コンサルタント等）です。本書を長くそばに置いていただき、事業承継成功の一助となれば幸いです。

平成二十八年十月　　小島規彰

会社を継ぐあなたが知っておくべき
事業承継　そのプロセスとノウハウ　◉目次

第2章 既存ビジネスの立て直し（準備編）

第3章 既存ビジネスの立て直し（実行編）

第4章 新たな風土・組織基盤を造る

第5章 再成長のエンジンを創る

第6章 黒字を維持する環境を作る

後継者の事業承継ロードマップ

ステップ	内　容	おおよその年数と後継者の年齢	本書で扱う章
step 1	継ぐことを決める	・3 ～ 5年間 ・大卒後：22～27歳くらいまで ・他会社就職の場合：25～28歳くらいまで	1章 ➡P.31～
Step 2	既存ビジネスの立て直し（準備編）	・5年間 ・27・28歳～32・33歳まで	2章 ➡P.67～
Step 3	既存ビジネスの立て直し（実行編）	・3年間 ・32歳くらい～35歳くらいまで	3章 ➡P.119～
Step 4	新たな風土・組織基盤を造る	・3年間 ・35歳くらい～38歳くらいまで	4章 ➡P.171～
Step 5	再成長のエンジンを創る	・4年間 ・38歳くらい～42歳くらいまで	5章 ➡P.223～
Step 6	黒字を維持する環境を作る	・3年間 ・42歳くらい～45歳くらいまで	6章 ➡P.289～

主な登場人物

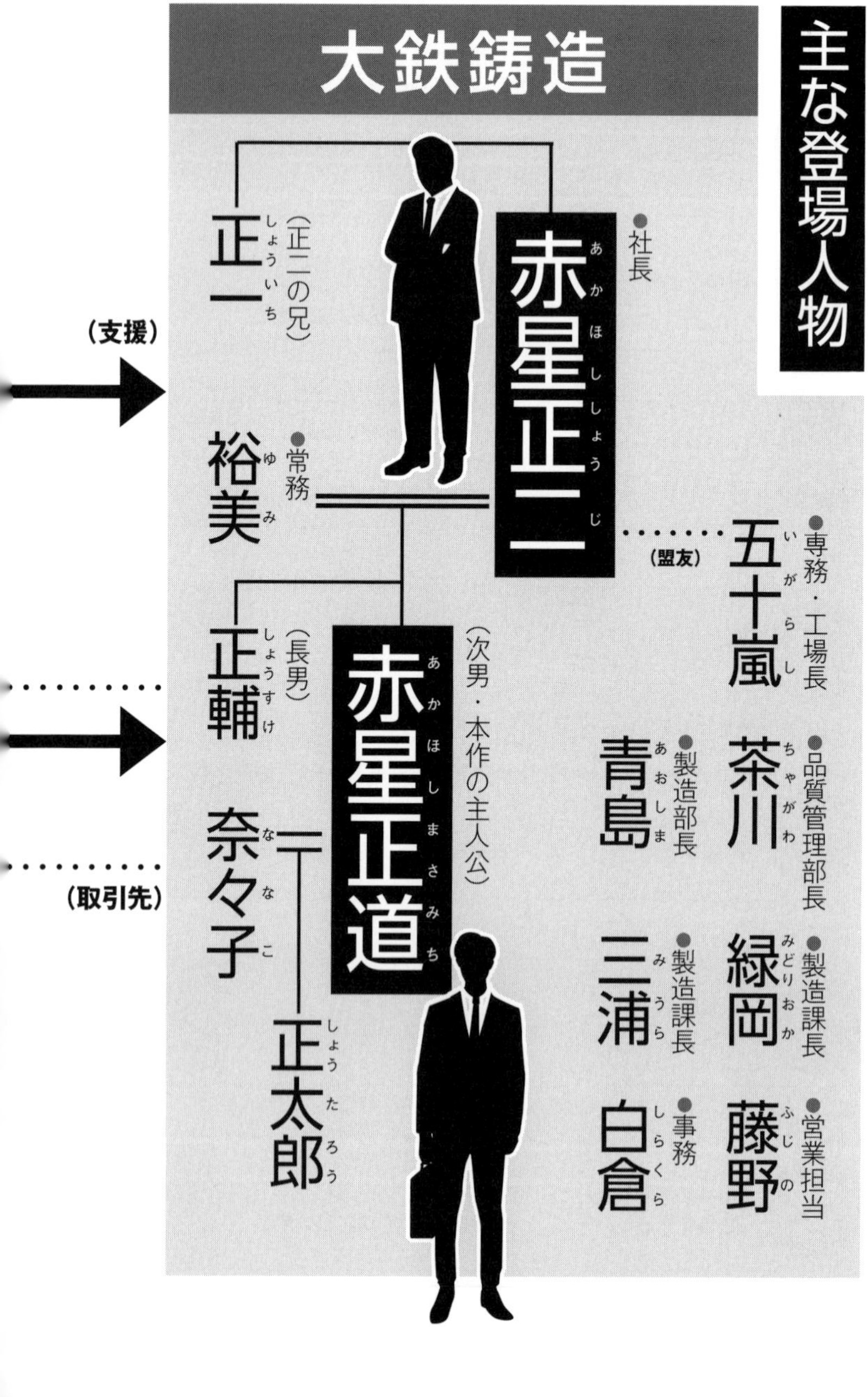
大鉄鋳造
●社長
赤星正二《あかほししょうじ》
正一《しょういち》
（正二の兄）
●常務
裕美《ゆみ》
（盟友）
●専務・工場長
五十嵐《いがらし》
（長男）
正輔《しょうすけ》
（次男・本作の主人公）
赤星正道《あかほしまさみち》
奈々子《ななこ》
正太郎《しょうたろう》
●品質管理部長
茶川《ちゃがわ》
●製造部長
青島《あおしま》
●製造課長
緑岡《みどりおか》
●製造課長
三浦《みうら》
●営業担当
藤野《ふじの》
●事務
白倉《しらくら》
（支援）
（取引先）

フューチャーコンサルティング

●代表
水戸《みと》 隆《たかし》

●大鉄鋳造の担当・中小企業診断士
黒谷《くろたに》ひかり

●公認会計士・税理士
丸山《まるやま》キリア

（川口の同業他社）

郷田鋳造所

●会長（創業者）
郷田泰造《ごうだたいぞう》

●社長（二代目）
郷田武志《ごうだたけし》

●研究開発担当
黄根《きね》（メカさん）

六坂鋳材

（原料供給）

●社長
六坂浩平《むさかこうへい》

●取締役・後継者
六坂《むさか》 藍《あい》

川崎鋳造

●社長
金宮《かねみや》

●管理本部長
桃瀬千里《ももせちさと》

凡例

＊本書は、著者である小島規彰のコンサルティング経験に基づいて書かれたフィクションです。登場する個人名・社名は架空の名称であり、実在する特定の人物とは関係がありません。
＊資産承継に関する内容は、本ストーリーにおいて有効と考えられる方法で記述し、かつ紙面の都合上、極力簡素に記載しています。必ずしもすべての資産承継のケースにおいて最善の方法とは限りません。
＊文中で紹介する法令・制度の内容、数値等は執筆時点のものです。

序章

僕はオヤジとは違う

正道、26歳の秋。初めて家業を意識する。

絶対王者の陥落

「お前、何年この仕事やってるんだ⁉　もっと丁寧にやらんと、また不良品になるぞ！」

先ほどまで響いていたセミの声をかき消すように、工場内に声が響く。その声の主は、埼玉県川口市にある鋳物工場「大鉄鋳造《だいてつちゅうぞう》」の社長、赤星正二《あかほししょうじ》である。檄《げき》を飛ばされた初老の男が、帽子を取って深々と頭を下げている。

工場から少し離れたところにあるさほど広くない事務所内に戻ると、また同じ声がする。

「どうだ、注文決まったか？　……駄目か。やっぱり、俺がいないと決めきれんか。まだまだだな」

すると今度は、若い男が苦笑いしながら頭をかいた。

「社長っ。お客様、お待ちですよ」

事務の女性・白倉《しらくら》が社長のそばに寄って小さな声で伝えると、会議室のほうに目をやった。

「おう、そうだった。殿山さんもう来なすったのかい？」

「ああ来たよ。不良率削減のための取り組みについて話し合うことになってる」

そう言ったのは、専務で工場長の五十嵐《いがらし》である。

殿山興業《とのやまこうぎょう》との取引は、大鉄鋳造の技術力が評価されて受注が決まったまではよかったが、次々と高いレベルが要求される中で、品質基準をクリアできないでいた。五十嵐がしばらくこの問題に取り組んでいたが、社長と直接議論の場を持ちたいと、責任者と共に数人を引き連れて先方から乗り込んできたのである。

「五十嵐でも駄目かい。しょうがねぇ。面倒だが、俺がじきじきに対応するか」

「社長、シッ！　聞こえますって。もっと小さな声で」

「白倉ちゃん、大丈夫。心配しなさんなって」

白倉が人差し指を口に当てて制したが、大きな声と勢いそのままに会議室に入っていった。続いて五十嵐が同じ部屋に入っていったが、聞こえるのは社長の大きな声だけである。その声も二十分もすると消えてなくなり、一時間後には殿山興業の全員が会議室から出てきて、「それではよろしくお願いします」と社長に少し頭を下げて帰っていった。

「ふぅ〜、今日はこれでしまいだ。明日もみんな頑張ってくれよ！　お疲れさん！」

社長がそう言って白倉の背中をポンと叩いて事務所の出口に向かうと、その場にいた従業員が、消えていく社長の背中に向かって一礼した。

「それにしても、さすが社長ね。殿山興業の人たち、来たときはムスッとしてたのにね」

白倉がそう口にすると、五十嵐が首を横に振った。

「いや、結局、値引きの話になった。ねずみの単価を五円下げることになっちまった」

「昔は値切られることなんてなかったのにな。社長の影響力が落ちたってことですか……」

社長のいなくなった事務所に、少しどんよりした雰囲気が漂った。

技術も営業も顧客対応もすべて、社長におんぶにだっこ。社内のあらゆることで、いざというときに最後に頼りになるのは社長だけであった。それは従業員全員がわかっていた。

大鉄鋳造は現社長の正二が三十五年前に創業し、一代で年商二十億円を超える会社に成長させた。鋳物業界で年商二十億円を超える会社はそう多くない。

大鉄鋳造のある川口市はかつて鋳物業が盛んな街であったが、近年、郊外への工場移転や廃業が続いている。市場の縮小によりその数は全盛期の半分を下回っており、残った会社もなんとか切り盛りしているところばかりであった。そんな状況の中で、大鉄鋳造はギリギリのところで黒字経営を維持していた。

ところがこの数年は、大口顧客の需要変動やつきあいの浅い顧客からの依頼が少なくなるなど、仕事量そのものが減少しており、加えて長年取引を続けていた顧客からの単価引き下げ要請もあるなどして、経営は必ずしも順調とはいえない状況であった。

「……うちは大丈夫なんですかね？」

表に出ないくすぶり

「昔に比べて、仕事、減ったよな」

「そうですよね、三浦《みうら》さん。昔は残業ばっかりしてた気がします」

昼休み。工場脇の日陰になっている場所で、男数人が弁当を食べながら雑談をしていた。

「残業が減った分、給料はだいぶ下がりましたよ。いいときなんか、十万円近くも残業代もらっていましたから」

「俺なんて、残業多すぎるからって、管理職にさせられちまったからな。俺、課長になって二年経つけど、そもそも管理職って柄じゃねーの。何を管理すればいいのかわからねーし。ヒラに戻してくれっつーの。まっ、あのワンマン社長には、怖くてなんにも言えねーんだけどさ」

昼休みが終わった工場内では、ベテランの営業担当と製造課長である三浦とが言い合っていた。

「三浦課長！　日野機装《ひのきそう》さんの納品、明日だよ。研磨終わってないみたいだけど、大丈夫なんか？」

「急な注文が入っちゃって。やれるだけのことはやりますから、急かさんといてください」

「おいおい、そんないい加減な管理があるか！　管理職ならちゃんと責任持ってくれよ」

「日野機装の単価、客から言われたままに下げすぎじゃないっすか？　営業がもっと踏ん張らないと採算割れだよ」

「おいおい、採算割れかどうかなんて工場の生産性の問題だろう！　どう効率化して利益を出すのかを考えるのは現場の責任だろう！」

「うるさいな。こっちは忙しいんだ。いいから向こうに行ってくれ」

「なにっ！　黙って聞いてりゃ……」

そこまでヒートアップしたところで、製造部長の青島《あおしま》が、砂込め作業の手を止めて二人の間に入った。

「わかったわかった。とりあえず日野機装さんの納期はきちんと間に合わせよう。なっ、三浦。で、儲かっているかどうかは、後で営業にも入ってもらって整理しよう」

そうは言ったものの、青島は途方にくれた。

青島が大鉄鋳造に入社したのは十年前だ。下請け工場に勤めているとき、作業の管理能力と技術力が正二の目に留まって引き抜かれたのである。それ以来、社長から目をかけられ、四十代半ばにして工場長に次ぐ製造部長の立場となり、五年が経過した。

なんとか業務を回せているとは感じているが、正直なところ会社がよくなっているとは思っていなかった。社長に会社の損益を教えてくれと頼んだときも、「そんなことは現場が気にすることではない」と軽くかわされた。一度は食い下がったものの「利益を管理するのは社長の仕事だ。お前はいい仕事をすればよい」とのことだった。

それでも、仕事の量が明らかに減少する中、材料費の高騰、変わらない従業員数や給与といった事実から察するに、大鉄鋳造の決算書を見たことのない青島にでも、会社の利益が数年前に比べて減少していることは容易に想像がついた。

先ほどまで三浦と言い合いをしていたベテランの営業担当が、作業場から出ていったかと思ったら、再び小走りでこちらに駆け寄ってくる。青島が「もう揉め事はゴメンだな」と思いかけたところで、予期せぬことが告げられた。

「社長が客先で倒れて、救急車で運ばれたって！」

「えっ！」

親父との違い

翌日、青島は仕事の合間を見つけて、大鉄鋳造の事務所から車で十五分のところにある病院に向かった。そこには既に専務の五十嵐と、社長の妻であり大鉄鋳造の常務である裕美《ゆみ》がおり、医者となにやら会話をしていた。その様子からは、おそらく緊迫した状況ではないことが読み取れた。社長が青島に気づき、ベッドから半分起き上がった状態でこちらに手を上げた。

「大丈夫ですか、社長⁉」

「ああ、今のところはな。少し足がしびれたと思ったら、そのまま転んじまってな」

その後、裕美から症状を聞き、検査も含めて一週間ほど入院が必要とのこともわかった。不謹慎だとは思いつつ、現場が回るかどうか、心配が頭をよぎった。そのとき、病室の入口からおとなしそうにこちらを見る青年に気づいた。

「あれっ⁉　正道《まさみち》君？」

「どうもお久しぶりです、青島さん。それに五十嵐専務も」

細身のスーツを着た若々しい青年が、キャリーケースを転がしながら病室に入ってきた。

「正道、よく来てくれたね。仕事、大丈夫だったの？」

「ああ母さん、元気？　移動の合間だから心配しなくていいよ、それより父さんは？」

「おう正道。この通り問題ないぞ、心配かけて悪かったな」

息子を前に父親の顔になったのか、従業員の前では見せない柔和な顔つきになっていたのが、青島にはわかった。

その後、今後の検査のことや医者からの注意事項などを一通り話し、一時間が過ぎた。

「正輔《しょうすけ》兄さんは来てないんだね。まったく……。あっ、そろそろ戻らないと」

「正道、こっちのことは気にせずに、仕事に精を出して早く一人前になれ」

「わかってるって。父さんも六十近いんだから、無理しないほうがいいよ。じゃあまた」

重そうなキャリーケースを転がし、病室を後にしようとした。ドアの取っ手に手をかけたところで、正道は青島のほうを振り返って言った。

「あっ。青島さん、時間あれば少しいいですか？」

「ん？　ああ、いいよ。じゃあ、社長、私もこれで現場に戻りますね」

受付前の待合室で、青島と正道はしばらくぶりの会話を交わした。

「社長から聞いているよ。もう立派な社会人なんだってね。仕事はどう？」

「ええ、順調ですよ。四年目にしてやっと仕事が面白くなってきたところです。うちのお客さんの大半は中小企業で、年商でいえば、父のところみたいに二十億〜三十億円程度かそれ以上のところもありますが、一番多いのは数億円程度の会社ですね」

「それなんだけど、うちの年商は、今はもう二十億円もないかな。ここ最近、売上落ちてきてね……。現場の問題も山積みなんだ。私がこんなこと正道君に話すのもなんだけど」

「やっぱりそうなんですね。父は『自分のことを心配しろ』って言って、会社のことを全然教えてくれないんです。母からはときどき話をしてもらうんですが、数字のことしか把握してないから、状況がいまいち理解できないんですよ」

「会社のことを気にしてくれているんだね」

青島が初めて正道と会ったのは、まだ正道が大学生の頃だった。大学の経営学部に在籍していた正道が、所属するゼミの「中小企業の現場を知る」という課題で父親の会社のことを調べることになり、社長から「現場を見学させてやってくれ」と紹介を受けた。

その当時、青島が持った正道の印象は「父親とは真逆の人物」であった。青島は、社長の印象を次のような言葉を当てはめて理解していた。

・剛腕　・凄腕　・切れ者　・ワンマン　・独断　・頑固　・トップダウン
・直感型　・チャレンジャー　・先に体が動く　・華がある　・人を惹きつける

一言で言えば「カリスマ経営者」となる。

しかしながら、その人物の息子を紹介されたときには、ある意味で衝撃的だったのを覚えている。一日に三時間くらいだっただろうか、一週間ほど工場の様々な部分を説明した後での正道に対する印象は、こういった言葉がしっくりくるものであったことを記憶している。

・人見知り　・おとなしい　・控えめ　・非健康的　・根暗
・慎重　・心配性　・細かい　・理論的　・石橋を叩いて渡る

その後四年が経過して、今、目の前にいる人物は、多少なりとも自分の意見をしっかり話すではないか。

「青島さん。よかったらまた今度、時間があるときに、会社のことを勉強させてもらっていいですか?」

「ああ、私で話せることであれば」

その日はそこで別れ、翌週、川口駅周辺の居酒屋で会った。お互いの仕事のことを話しながら、ペースよく酒が進んだ。話は正道の第一印象に及び、正道は面白がってそれを聞いていた。

「ははは、それ、おおむね正解ですよ。仕事を始めて変わったところも少しありますが、人の性格なんてそうそう変わらないので。今でも、慎重だし、細かいし、根暗だし」

「実の親子でも、そんなにも違うものなんだね」

「小さい頃からいつも、父親を見ながら『自分はああいう感じにはなれない』って思ってましたね。他人から見ても真逆の性格なはずです。今だから言えますすけど、学生の頃なんて、マンガにゲームばっかりで、女性とつきあうのも苦手。いわゆる『イケてない組』ですからね」

「今の世の中、そういう人多いんじゃない？　うちの会社の若い連中だって、そんな感じの人、少なくないよ。ただ、きっとＤＮＡは受け継いでいるんだろうから、正道君もいずれは社長みたいなカリスマ経営者になったりしてね。……ところで正道君、なんというかその、社長の跡を継ごうとか思わないの？」

青島の突然の質問に、正道は少し沈黙した。

「その話ですか。実は、母から何度か話があって。そんな矢先にこんな形で入院することになってしまって。継ぐもなにも、会社のことをあまりわかってもいないのに、返事のしようもないと思って。それでまた、昔みたいに青島さんに話を聞いてみようと……」

「なるほど、そういうことだったんだね」

「おかげさまで、なんとなくですけど、会社のことがわかりました」

「それはよかった。また機会があったら会社に顔出してよ。社長の不在で、みんな混乱してるんだ。外部の人の客観的な目線で、どうすればいいかアドバイスしてもらいたいな」

「ははは、わかりました。フィーはしっかりいただきますよ」

「さすがしっかりしてるねー。了解。まずはこの飲み代かな」

二代目が歩む人生

父・正二の検査入院は予定通り完了し、いったん退院ということになった。検査結果はすぐにはわからなかったが、待っていてもしょうがないとばかりに、正二はすぐに社長として働き出したようだ。

何日かが経過したある日、正道は、メールボックスの中のとある件名に目が留まった。

〝カリスマ社長をどう継ぐべきか？〟

それは、事業承継セミナーの案内であった。個人的な興味もあって、正道はそのセミナーに参加することにした。

セミナーの講師は四十代後半くらいの男性で、水戸《みと》隆《たかし》と名乗った。壇上に立つ水戸は冒頭から興味深い話をふたつ切り出した。それは「時は事業承継の時代である」、「後継者は『カリスマ』ではなく、『組織力』で経営を行わなければならない」、ということであった。

前者のポイントはこうである。現在は、戦後十年間の法人増加時代から二回目の代替わりの時期であることと同時に、一九七〇年代の起業ブームに乗って三十歳代で起業した人たちの代替わりの時期にさしかかっている。社長交代の必要性を身近に感じている社長の割合が高くなっているはずだということだった。

ふたつ目のポイントは、さらに正道の共感を誘った。そのセミナーでは親族への承継を前提として話が進められ、時代背景の違いや創業に至った思いの深さはもとより、ハングリー精神の塊《かたまり》の如く社長業を全うしてきた人間と、「社長の子ども」として育ってきた人間とでは天と地ほどの差があるというのだ。水戸は、そうした二人の描く社長像には違いがあって当然だと力説した。その違いを説明する際の、「カリスマ」に対する「組織力」というキーワードが、正道の頭に深く刻まれた。

その後二時間、水戸の話す内容を、正道はほんのわずかも漏らさずノートに書き込んだ。講演の中では、一代で会社を大きくした熱い創業社長や、先代から引き継いで会社を飛躍的に成長させたパワーのある経営者たちを「カリスマ社長」と称しながら、カリスマ社長が率いる会社に見受けられる問題点についても触れていた。

講演が終わるとすぐに、次の用事のため、正道はセミナー会場を後にした。記憶が鮮明なうちにメモを確認しつつ、話を思い出しながら、一枚の表に書き出してみた。

＜後継者の事業承継＞

Ｓｔｅｐ１：継ぐことを決める　…３～５年間
Ｓｔｅｐ２：既存ビジネスの立て直し（準備）…５年間
Ｓｔｅｐ３：既存ビジネスの立て直し（実行）…３年間
Ｓｔｅｐ４：新たな風土・組織基盤を造る　…３年間
Ｓｔｅｐ５：再成長のエンジンを創る　…４年間
Ｓｔｅｐ６：黒字を維持する環境を作る　…３年間

（※11ページ掲出の「ロードマップ」参照）

「（ふーん、こういう感じで準備していくのか。もっと詳しく勉強してみたいな……）」

それが、そのときの正道の素直な感想であった。

第1章

継ぐことを決める

正道、26歳の冬。社会人4年目の大きな決断。

初めての会話

「(今年の夏は慌しく過ぎたな……)」

正道はそんなことを思いながら、再び病院に足を運んだ。

父親が倒れた原因は一過性脳溢血《のういっけつ》発作だということがわかった。医者によれば、治療しないで放っておくと、少なくない確率で三か月以内に脳梗塞《のうこうそく》を発症する可能性があるという。

さすがのカリスマ社長も、自らの病状にショックを隠せずにいた。それでもすぐに会社の心配を口にした。

「作業は滞りなく進むだろうが、品質改善の要求や試作の対応なんかは俺がいないと話にならない。それに銀行とのやりとりもな」

「五十嵐さんがいるじゃないか。それに青島さんだって」

「工場長はここ数年動きがにぶくなってね。特に、お客様からの強い要求にはなかなかうまく対応できないのよ。しょうがないから今はみんなの教育係みたいになっているわ。青島君も頑張ってくれているけどね。どうしても工場長や古株に遠慮しちゃうところがあってね……」

困り顔の母親の横で、父親はベッドから体を起こし、腕を組んでしばらく黙っていた。

「正道、あなた、今じゃなくてもいいのだけど……将来、お父さんの会社を継ごうとは思わないの？」

病室に、父と母と息子である自分。母が初めて、二人ではないところで会社を継ぐことについて切り出した。こんな状況になった上、先日、青島との間でも少しだけその話題に触れた。何も意識していないわけではないが、イエスともノーとも言える状態ではないことだけは確実だった。なにか言葉にしようと思ったところで、父親が先に口を開いた。

「男が一度決めた道をおいそれと変えるもんじゃない。それに、大鉄鋳造は、俺が創って俺が育てた会社だ。俺以外に誰も舵《かじ》取りなんてできやしない。青島や他の者でもいいが、ふさわしいと思える人間が現れたら、そのとき考えればいい話だ。それに裕美、まだ俺は全然やれるぞ。そんなことを口にする段階じゃない」

「そんなことないわよ。川口の中でも『事業承継』って結構な話題になっているのよ。郷《ごう》田鋳造所《だちゅうぞうしょ》さんだって半年前にそんな話をしてたじゃない」

「郷田はオヤジが七十になって、息子も四十半ばだろ。当たり前の代替わりだ」

正道は、先日受けたセミナーの内容はやはり身近な話なのだと改めて思った。

「正道、今の仕事面白いんだろ？」

「もちろん面白いよ。ただ、身内のことだし、興味がないわけじゃないよ。社長の家族にとって事業承継は一大イベントだしね」

「利いたふうな口をきくな。興味は無理やり持つもんじゃない」

鋭い一言だった。簡単に自分の心の中を見透かされた気がした。▼掟その1

本気で考える

「赤星、ほどほどにな。帰らないとまた終電逃すぞ。それじゃ、お先っ」

「おう、お疲れさま」

時間は午後十一時半。同じ部署の同僚が急ぎ足で部屋を後にした。他の部署の蛍光灯が消える中、残った仕事を急いで整理したが、結局その日は終電を逃してタクシーで帰宅することになってしまった。

正道の頭の中は、自分の仕事のことが半分、父親の会社のことが残りの半分を占めている。後半の半分については同僚には相談しづらい内容であったし、タクシーの中は会社の関係者が誰もいないせいもあって、ふと気が緩んだのか思わず口からこぼれた。

「自分が継ぐのかな……」

「どうしました、お客さん？　会社かなんかを継ぐのですか？」

前を向いたままの運転手にそう聞かれ、躊躇《ちゅうちょ》なく今の自分の状況を説明してしまった。

家に着くまでの雑談程度にしか考えていなかったし、そこになにかしらの答えを求めるつもりはなかったのであるが、タクシーの運転手は意外な反応を示した。

「面白いですね。いやぁね、親父さんたちからも同じような話を聞くもんでね」

「へぇ。その話、興味があります」

「会社を残したいけれども、後継者が見つからないって言うんですわ。息子さんは目立たないタイプで社長の器じゃないみたいだし、他に候補となる人がいても、当人がなかなか首を縦に振らないとかね。その社長の会社、ずいぶんと儲かっているにもかかわらず、後継者のことが一番の悩みだっていうんだからねぇ。我々なんかにはわからん悩みですわ」

「中小企業は経営と所有が一体になっている会社が多くて、なかなか簡単に身内以外には引き継げないんですよ。株や借入金、保証の問題。いろいろあるんですよね」

「お兄さん詳しいんですね。それだったらお兄さんが親父さんを継いでしまえばいいのでは？　その社長さん、ボソッと『駄目だとわかっていたとしても息子に継いでほしい』と口にしてましたわ。やっぱりなんだかんだで、自分の子どもが跡を継いでくれるって嬉しいみたいですよ」

車は家に着く直前の交差点に差しかかっていた。既に日付も変わって静まりかえった暗がりの中、家の明かりがポツリポツリと見える。信号が青に変わった。それは少し眩しく思えた。

翌週の土曜日の日中、正道は失礼を承知で、アポなしで水戸の会社を訪れた。

「あの……私、赤星正道と申します。先日のセミナーを一番前の席で聞かせていただいておりまして、もしお時間ありましたら、少しお話をと思いまして……」

その後、会議室に通されて、水戸は突然の訪問にもかかわらず正道の話を丁寧に聞いてくれたのだった。ところが水戸の反応はあっさりしたものだった。

「なるほど。赤星さんの置かれた状況は理解できました。ですが……まだ本気ではないように思います。自身は安全な場所に身を置きながら、慎重に事を進めようとされていますよね？　それでは本気の決断、つまり覚悟はまだまだ先になるでしょう」

本気の悩みを伝えたはずであった。アドバイスを受けて解決の糸口が見つかるのではないかと期待していた正道にとっては、予想に反した内容であった。

「私たちフューチャーコンサルティングでは、親の会社を継ぐか継がないかの意思決定をするお手伝いはしていません。自分の本気の覚悟がすべてのスタートにあるからです。スタートに立つかどうかを決めるのは、他の誰でもなく自分自身でなければなりません。他人に委ねられた意思決定は、真の覚悟とは言えませんからね」

反論の余地は微塵《みじん》もない。この意思決定は自分にとって、新しい人生を歩むかどうかの選択であることには違いなく、それは既に理解していたつもりであるが、その意思決定が本気かどうかを測る必要があると水戸は言っている。

「私どもは本気の人しか応援できません。覚悟ができたとき、またお越しください」

「ありがとうございます。勉強になりました」

頭を下げて席を立とうとしたとき、水戸がいくつかの資料を渡してくれた。

「弊社で運営する『事業承継実践塾』のテキストの一部です。よかったら読んでみてください」

それぞれの決心

正道は自問自答を繰り返した。

「(僕が継ぐべきだろうか? そもそも僕なんかに社長が務まるだろうか?)」

その心配を取り除くために、まずすべきことは情報収集であった。▼掟その2

毎日が終電の忙しい日々の中、鋳物業界についての情報収集を繰り返した。以前青島が話していた内容も改めて理解し、大鉄鋳造よりも大きな会社が様々な取り組みにチャレンジしていることも知った。相対的に技術革新に遅れを取る中小企業は、これまで以上に自社の強みとポジションを明確にし、顧客とのつながりを強固にしていく必要があると理解できた。

収集した情報を整理していると、水戸から渡されたテキストが目に飛び込んできた。自分の本気が確認できたときに目を通そうと思っていたのであるが、自然と手が伸び、資料をめくっていた。

・掟1　すべては覚悟から始まる

・掟2　会社の現状と世の中の流れを知る
・掟3　外の世界で鍛える

資料はそこで終わっていたが、目次を見るとまだ先がありそうであった。

「(確か、『外の世界で鍛える』っていうのは、他社のノウハウを吸収することだったな。水戸さんがそう言っていたけど……)」

書籍や雑誌等での情報収集や青島たちからのヒアリングをもとに、鋳物業や他の製造業について知ることは、そう難しくはなかった。このままの仕事の仕方でも、外の世界で鍛えることになるだろうと考えることもできたが、同時に、水戸から言われた〝安全な場所に身を置いて〟という言葉が頭をよぎった。

正道の自問自答はその後も続いた。「父の様子を見に来た」という建前のもと、正道は何度も大鉄鋳造を訪れた。父親からいろいろな話を聞き出すと同時に、五十嵐や青島をはじめとする従業員たちとの雑談の中から、社長としての父親の人となり、それに、会社がどんな状況にあると感じているのかを聞き出した。

ある晩、正道は母親に夕飯を食べていくよう誘われた。父親の健康のためもあって、野菜や煮物中心のさっぱりとした食事がテーブルに並び、それを口にしながら正道は切り出した。

「将来、父さんの会社を手伝いたいと思う」

母親は、驚いたと同時に、嬉しそうな笑みで、慌てて席を立ち、冷蔵庫の中をあさり出した。

「ご馳走があればいいんだけどね。何も買い物してないから、今からお寿司でも取ろうか？」

「ありがとう。でもいいや、いいんだ。家の飯食べるのは久しぶりだし、それに明日も早いからこれ食べたら帰るよ」

父親は「そうか」と一言だけ口にして、後は黙って味噌汁をすすった。

数日後、正道は上司に退職の意志を伝えた。強い慰留の意を示されたが、後任の選定と引き継ぎの時間も踏まえ、三か月後に会社を辞することになった。

その間、父親に自分の意志を再度伝えるとともに、数年は外で鍛えさせてほしいと話をした。母親は、社長や五十嵐など周りの人間から徐々に教われればいいと反対し、正二は正道にその意を説明するよう求めた。

「なるほど、そういうものかもしれんな。ところで、お前が先日話していたコンサルタントに会ってみるっていうのはどうだ？　俺も直接話をして聞いてみたいこともあるしな」

正道は二か月ぶりに水戸に連絡を取り、「ちょうどセミナーがあるから、お父様と一緒に参加してみてはどうか」との返答を得た。

セミナー当日。前回と同様、正道は一番前の席に座った。前回との違いは、隣に父親がいることだ。

今回のセミナーは水戸のレクチャーに加え、事例ということで、実際に事業承継を行った企業の先代社長と現社長の話を聞くという内容であった。隣にいる父親は、はじめ腕組みをしながら聞いていたが、次第に手元にある用紙にメモをするようになった。

セミナーが終わってから、正道は父親を水戸に紹介した。

「よろしければ、後ほど少しお話ししましょうか？」

水戸がそう言ってくれたので、正道は正二とともに水戸から指定された喫茶店で待つことにした。少しそわそわする正道に、どっぷり構える正二。対照的な姿だった。

「お前、本当にそれでいいのか？　さっきの事例の企業のようにうまくいくとは限らんぞ」

「ちゃんと決心して、今日を迎えたつもりだよ」

「俺も勉強していないわけじゃなくてな。同じ川口の仲間の話なんだが、後継者がいなくて、大手に買収される形で生き残りを図ったところもあるようだ。そこのオヤジが言うに、社内にふさわしい人間がいなかったらしい。M&A（企業の合併・買収）なら、会社がそんな状況でも維持できるんだとさ」

「そうだね。そういう方法もあるね」

「いろんな選択肢がある。お前は自分が選択しようとしていることに自信があるのか？それはお前にとって、『正』しい『道』なのか？」

そんな質問をこの場でされるとは思わなかった。どの回答が最適かを考えるよりも、今の素直な気持ちが口を動かした。

「自信はないけどね……」

それが本音だ。経営の経験のない自分が「自信がある」と口にするのはおこがましい。どんなに知識を詰め込んだとしても、それは社長業の経験にはならない。

「わかった。それでいい」

その言葉と同時に、水戸が喫茶店の入口に現れた。

その後、大鉄鋳造の状況や父親の性格、正道のこれまでの経歴などを話した。父親の口数は少なく、水戸の話に聞き入っているのか、時折うなずいていた。水戸は先ほどのセミナーでは配布されなかった新たな資料を取り出し、テーブルの上に広げた。

「不完全なものをお渡ししたままで、説明していませんでしたね。お二人の意志が統一されたら、今後しばらくは、このような流れをたどっていかれるのがよいでしょう」

そこには次のように書かれており、水戸が簡単に説明した。

＜継ぐことを決める＞
・掟1　すべては覚悟から始まる
・掟2　会社の現状と世の中の流れを知る
・掟3　外の世界で鍛える
・掟4　数字に強くなる
・掟5　同じ境遇にある人と出会う

「うちの場合も、まずは正道に外部のノウハウを吸収してもらう必要があるわけですな？」

「ええ、先ほどのお話から判断するにそれがよいですね」

「正道、いい会社がある。お前、その会社で何年か鍛えられてこい」

急な展開だった。さすが直感型のカリスマ社長である。いきなりの展開に正道は戸惑ったが、もとより想定していたステップだ。ここでノーと言えるはずもなかった。

「わかったよ」

「水戸さん。質問ですが、期限を設けたほうがいいですよね」

「そうですね。会社の状況や正道さんの年齢を考えると、三、四年ぐらいがひとつの目安でしょうね」

「となると、二十九ぐらいまで外で鍛えて、その後入社ってことだな。正道、いいな?」

「はい、わかりました」

自然と自分の言葉遣いが変わったことに、自分のことにもかかわらず、内心驚いた。父親を社長として意識したのかもしれない。

生活環境の一変

正道が父親の口添えで川崎鋳造《かわさきちゅうぞう》に入社して、三か月が経つ。

仕事服はスーツから作業着に変わった。ここでは、自分のことを先輩や上司と呼ぶ者は誰一人いない。少し歳のいった中途採用の新人、ただそれだけである。日々砂にまみれて鋳物作りを一から学んでいる。

「この砂と鉄と夏の匂い、ずっと前から記憶にあったようだ」

正道は自らの運命を確認するように、大きな工場内をぐるっと見渡した。

川崎鋳造は、神奈川県の川崎市にある、年商五十億円を超える鉄系鋳造業の企業で、大鉄鋳造の取引先でもあった。正二と川崎鋳造の会長および社長は旧知の仲で、創業間もない頃からのつきあいでもある。川崎鋳造のほうが十年ほど早く創業しており、先代の長男が跡を継いで十年以上が経つ。現社長が代表取締役に就任する少し前から、大手製造業との取引を拡大させ、工場敷地も大きくし、今では鋳物業界で全国でも名の知れた企業となっている。現社長の営業力がその原動力となったことは周知の事実であるが、大手企業との取引に耐えうるよう生産体制の抜本的見直しを実現させた手腕も、知る人ぞ知る事実であった。

正二はそのことを理解し、現社長を訪問して「息子を預かって鍛えてほしい」と頼み込んだのだ。川崎鋳造としても、パートナー企業である大鉄鋳造の存続問題は見過ごせない事項であり、現社長は正道の入社を快諾してくれた。

ところが……ノウハウの習得は簡単には進まない。教えてもらって当然だという気持ちが、正道の態度に出ていたのかもしれない。期待していたのは、手取り足取りみっちりノウハウを叩き込まれる日々であったが、それ以前に職人たちの輪にうまく入れないでいた。根が人見知りであるし、自分は特別なミッションを持って入社しているというプライドが消えていなかったのかもしれない。

順調な滑り出しとは到底言えない川崎鋳造での新生活であったが、平日も週末も、正道は忙しくしていた。

土曜日は、同業他社の経営指標の分析を行い、時間が許せば、夕方に実家に戻って父親と母親から会社の数値に関していろいろとヒアリングし、二人の話にじっくりと耳を傾けた。▼掟その4
日曜日はというと、着る機会がめっきり減ったスーツに着替えて、朝からオフィスビルの中にいた。水戸の会社が主催する後継者のための塾「事業承継実践塾」に出席していたのである。

▼掟その5

塾は夕方に終わり、その後は毎回、他の参加者と食事に行くことになった。次の日が月曜日だということも忘れて解散がかなり遅くなる日もあった。正道は、塾に参加するメンバーの一人で、父親が経営する建設業の会社を継ぐ予定の藤原雅治《ふじわらまさはる》と席を隣にした。藤原は現在三十六歳。五年前に勤めていた会社を辞めて、事業承継を段階的に進めていくために父親の会社に入社したという。

「俺の場合は小さい頃から跡を継げと言われて育ったので、父親の会社を継ぐこと自体は疑問にも思っていなかったんだよ。ところがね……」

今の正道にとって、他の人がどんな悩みをどう解決したのかを聞くことは、先の見えない不安や心配を軽くする唯一の方法であった。藤原のグラスにビールを注ぎながら、正道は話の先を促した。

「入社から一年で部長になってさ。さっそく社内の改善に着手しようとしたんだけど、周りが全然動いてくれなくてね。上司である俺の指示にもかかわらず、興味すら持ってくれないって感じだったかな……、それが三年前の話。これではいかんと思っていろいろ試してみたよ。まあ、俺の場合、試行錯誤しながらたどり着いたのは、結局シンプルなことだったんだけどね」

「どんなことですか？　藤原さん、是非聞かせてください！」

「あはは、別に大したことじゃないよ。まずは、自分を受け入れてもらうように努力しただけさ」

「受け入れてもらう努力って、どんなことを？」

正道の質問は細部にわたった。

「自分から挨拶したり、相手の話をじっくり聞いたり、なぜ相手がそう考え、行動するのかその背景を探ってみたり……とにかく、相手を理解しようとしたんだよ」

「（みんな悩んで苦労しているんだな、ここに来るとそれがよくわかる）」

翌日、正道は誰よりも早く出勤し、大きな声で先輩たちに挨拶をした。そして周りがどんな会話をしているのかをしっかりと聞き取り、先輩たちの動きを目で追い、雑用を自ら進んで申し出て、キビキビ動いた。五感をフルに活用して仕事を覚えようとした。

正道の、悩み、学び、そして行動する日々が続いた。

掟その1 すべては覚悟から始まる

▼息子・娘に継がせる割合は依然として高い

社長である父親（母親の場合もあるであろうが、本書では「父親」として統一させていただく。同時に経営の承継者も「息子」とさせていただく）の会社に対する思いは特別である。ただ年老いたからといって、人生を捧げてきた会社を他人に渡してしまえるような人は稀であろう。

現実として、第三者への承継を選択する割合は四割に満たないのが実情である。一方で息子・娘への承継は、昔に比べて減少しているものの、依然として五割を超えている（図表1）。

▼必ず訪れる「きっかけ」

図表1　現経営者と先代経営者の関係

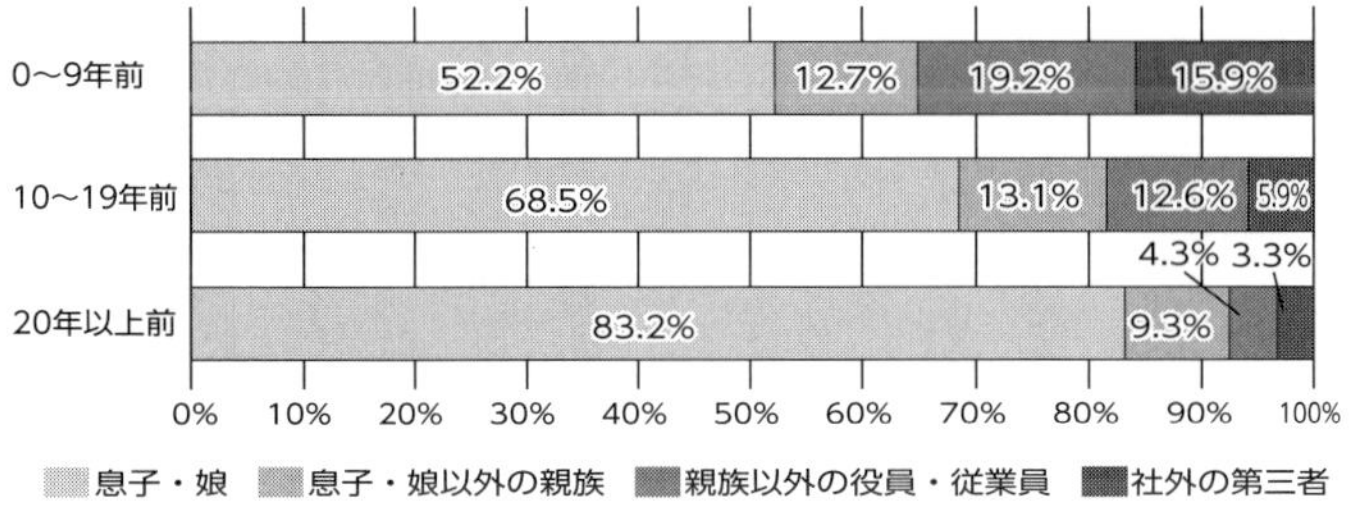

中小企業庁『中小企業白書（2013年版）』をもとに筆者作成

大学生にもなれば、自分の将来を考えないわけがなく、同時に父親の会社に改めて興味を持つ人も多い。一方、子どもがそんな年齢になれば、親もいい年齢になっていることが一般的であろう。本来は自分の体を気遣ってやらなければならない年齢にもかかわらず、無理を続けてしまうので、体を壊してしまう。そんなタイミングで後継者をどうするかを意識することになる。

あるケースでは、不況の煽りで大規模なリストラを実施した翌日、普段飲まない酒を飲んで涙していた父親を見て気持ちが揺らいだという娘さんもいた。就職活動をきっかけに父親の会社の技術力や地域貢献度の高さを知り、興味を持った息子さんもいた。きっかけは様々であり、〝百社百様〟なのだ。

内容はどうあれ、覚悟が重要である。覚悟はその後の人の振る舞いを大きく左右する。

▼父親に意思を伝える

「自信はないけど、自分が継がないとダメだろうな……本当にそうかな……」

それくらいの心配と不安とがあるほうが自然だし、普通である。

悩んだあげく、自分の意志が固まったら、父親にその旨を打ち明けよう。正道のように「親父の会社を手伝いたい」くらいの伝え方でいい。カリスマ社長であったとしても、一介の父親である。「お前には無理だ」と憎まれ口を叩かれるかもしれない。しかし、内心は嬉しいに違いない。

掟その2 会社の現状と世の中の流れを知る

▼今までとは違う目で会社を見てみる

父親の会社に正式に入社する前に、時間があれば「体験入社」をしてみてほしい。目的は会社を知ることにあり、多くを観察し、できるだけいろいろな情報に触れてみるべきだ。

初めて接するであろう従業員はよそよそしい態度を示すかもしれないが、それを放っておくとせっかくの時間を無駄に過ごしてしまう原因になりかねない。そうならぬよう「〝社長の身内〟扱いをしない」『勉強させてください』という謙虚な気持ちを持つ」「自分から話しかけて質問する」、これらのことに常に留意したい。自分自身の無意味なプライド、照れ、人見知りの性格、そういうものはとりあえず横に置いておいて、従業員たちに可愛がってもらうつもりで飛び込んでみるしかない。

体験入社で入手すべきは、ニュートラルな立場で自分が感じた疑問である。純粋に〝おかしい〟と思ったことは何か、これをまとめておくことが後々になって役立つ。

外の情報に目いっぱい触れる

〝おかしさ〟を知るには、他と比べるのがよい。他（の会社）と比べることができれば、業界経験が浅い人間であっても、それがよいことなのか悪いことなのかを知ることはそう難しいことではない。

図表2　情報収集の方法

手法	① 業界研究・紹介の本	② 業界の人が読む雑誌・新聞	③ ネットのニュースサイト	④ 白書	⑤ 全般（新聞）
内容	業界のことを体系的に理解できる	業界の最新動向を知ることができる	少量の情報をたくさんインプットできる	業界の専門情報をハンドブック的に使うことができる	業界問わず、全体感を養うことができる
頻度	月1冊程度	月1回、隔週、毎日等	毎日	年1回または辞書的に随時	毎日
時間（例）	好きな時間 例）風呂、ベッドの中で	休憩時・移動中 例）カフェ、電車	なんらかの待ち時間	集中して調べたいとき	朝
備考	基本的な情報、考え方を整理しやすい	成功企業の事例、共通課題に多く触れることが可能	気になるジャンルやキーワードを選択・抽出することも可能	図表が多く、視覚的に理解しやすい	興味がないことも頭に入れるくせがつく

この情報収集に時間を割く一方で、学業または今の会社での仕事をおろそかにしてはならないし、何よりあなたの年齢からすれば、きっとまだ遊びたい盛りのはずである。それはおおいに結構なことである。一日の細切れの時間をうまく活用しながら継続させることが大切である。

効率的に情報収集を行うための方法を**図表2**にまとめてみた。半年、一年と継続するうちに、ある程度は詳しくなっているだろうし、同時に体験入社によって、父親の会社の〝おかしい〟部分に気づくはずである。

具体的な疑問を整理できたとしても、それを社内の人間に伝える必要はない。体験入社の身でそれを指摘したところで、「うるさい奴だ」と一蹴されるのがオチである。問題と感じた点を整理しながら、メモしておくだけでよい。

▼社長としての父親を知る

十分な時間を取って父親と会話をしてほしい。あなたの疑問に、父親が答えるスタイルでかまわない。情報収集をした上での会話であれば、それなりに意味のある会話ができるだろう。

父親の答えが正しいのか間違っているのかを知ることが目的ではない。この会話において大切なことは、「父親の考え方や振る舞い方が社内の至るところに影響を及ぼしている」ということを、社内の観察結果と合わせて認識しておくことである。

会社の業績のみならず、風土や従業員の意識や行動すらも、社長である父親の考え方や振る舞いの結果である。それを父親自身が理解しているかどうかは別として、あなたがその事実を冷静に把握しておくことは、後々、後継者として社内の改善を進めていく際、必ず役に立つ。なぜなら、そこに業績悪化の一因が存在するからだ。裏を返せば、父親の考え方や振る舞いの中には、業績改善のヒントが隠されていると言っても過言ではない。

掟その3 外の世界で鍛える

▼出るべきかどうかの判断

父親の会社に入社する前に、外の世界で鍛えてみることをぜひ勧めたい。ただし、あらゆるケースでそうすることが最善策というわけではなく、父親の会社の規模による。本書では父親の会社をいわゆる中小企業として想定しており、企業規模別にどのように外で鍛えるのがよいのか、私の経験をもとに**図表3**にまとめてみたので、参考にしてほしい。

外の世界を経験することのメリットは、業務上の経験を積むことはもちろん、組織運営のノウハウを学んで吸収できることにある。

父親の会社の規模が小さいと、そのノウハウは有効に機能しないこともあるので、従業員数が二十人程度であれば、中で鍛えるという選択肢もある。次に従業員が一〇〇人程度まで増えると、例外なく組織的なまとまりが必要になる。社長の強大なリーダーシップがあればなんとか収拾がつく規模であるが、あなたにそういった資質が備わっていない場合

図表3　入社前にどこで鍛えるべきか？

父親の会社の規模（常時雇用する従業員数）	どこで鍛えるべきか？（高）＜＜＜　優先順位　＞＞＞（低）		
10〜20人程度	顧客企業	外に出ず、父親の会社に直接入社	中堅または中規模の同業他社
20人程度〜100人未満	中堅規模の同業他社	顧客企業	仕入先・外注先企業
100人以上	大規模な同業他社	先進事例を持つ中堅規模の同業他社	顧客企業

は、やはり組織運営のノウハウに学ぶことは多い。従業員数が一〇〇人を大きく超えればなおさらだ。自社よりもさらに規模の大きい企業を選び、そこでノウハウを吸収することが望ましい。

だが、都合のいいタイミングでその会社に入れるかどうかは別問題である。相手企業の状況、競争環境や機密管理等様々な制約からこちらの期待通りにはいかないこともあるだろう。そのときは、**図表3**のように別の候補も検討してみる。

▼外に出ることによるメリット

外の世界の経験を勧める理由は他にもある。すぐに父親の会社に入って業績回復に貢献したいという、はやる気持ちはわかるが、今のあなたが貢献できることはおそらくほんのわずかでしかない。長い目で見れば、一度外に出て経験できることを持ち帰ることのほうが、メリットは大きい。それは次の四つである。

ひとつ目は、「社会人経験」である。社長の身内であるあなたを、叱ったり注意したりする従業員はほとんどいないと思われる。社会人としてのマナーや振る舞いといった部分は、厳しい上下関係や取引先とのやりとりの中から学ぶことも多い。正しいマナーや振る舞いは品格を高くする。これからの人間関係の中で下手なところで損をしないために、マナーや振る舞いをしっかりしておく必要がある。また、マナーだけでなく、平社員としての経験によって、一般社員が組織の中で抱くであろう感情や気持ちを汲み取る能力も身につくはずである。

ふたつ目の理由は、「問題解決の経験」である。父親の会社への体験入社時に見つけた社内の問題は、実はどの会社にも存在する一般的な内容なのだと気づく。それをチャンスと捉え、自らその問題の解決を試みてみる。そこで、社内の組織力学、政治力学の存在を知り、問題解決が理想ときれい事だけではいかに進まないかを体験することは、貴重な経験となるであろう。

三つ目の理由は、「人脈構築」である。組織の中にはいわゆる優秀な人、実力のある人が必ずいる。そういった人間とのつきあいを大事にしておけば、将来あなたが困ったときの相談相手になってくれるかもしれない。見ず知らずの人に助けを求めるよりも、より明確で確実なアドバイスを受けることができるだろう。

四つ目の理由は、「失敗経験」だ。業況の芳しくない父親の会社では、残念ながら何度も失敗経験はできない。本人としては学ぶことが多かったとしても、周囲は好意的には見てくれない。なるべくなら、父親の会社に入社後は、小さくてもよいから確実に成功を積み重ねたい。そうするためには、できる失敗はあらかじめ外で経験してしまったほうがよい。同時に、失敗は人を謙虚にする。謙虚になって他人の考えを尊重し理解しようとする。そういった姿勢が自身の視野を広げ、人間を大きくすることにつながる。

掟その4　数字に強くなる

▼数字で話すくせをつける

「売上が少し落ちた」「材料がだいぶ高くなった」「もっと丁寧に仕上げる」「なるべく早く

やる」。こういう感覚的な表現を会話の中で多用する会社の業務管理のレベルは、えてして高くない。同時にその会社は、コミュニケーションがうまくいっているようで、実はそうではない。

それも当然だ。「少し」「だいぶ」「もっと」「なるべく」。そういった言葉は、人によって異なる尺度を持つからだ。自分は「明日には完成しているだろう」と思っていたにもかかわらず、他の人は「今週中に終わらせるつもりでいた」、なんてこともありうる。

これは話し方のくせの問題であり、上司や先輩がそういう会話をしていると、部下や後輩もそれを真似てしまう。まずは後継者であるあなたが、意識しながら具体的な数字で話をするくせをつけなければならない。

▼まずは決算書とにらめっこ

「会社のことはすべて把握しているので、細かい数字など気にしない」などとトンデモ発言をされる社長がいらっしゃる。本当にそれでよいのだろうか？

会社を体に例えてみればわかりやすいだろう。本人が感覚で大丈夫と思っていても、健康診断の結果、数値の異常が体の異変を示してくれるのだ。これに納得いただけるようであれば、自社の状況も数字でチェックしてほしい。

チェックをするには、経営指標を分析するとよい。同業他社との比較は、「ＴＫＣ経営指標（ＢＡＳＴ）」（ＴＫＣグループ）や「小企業の経営指標」（日本政策金融公庫）等を参照する方法もある。同業種で上場している企業があれば、有価証券報告書等の公表情報から同じ項目の数字を拾って計算してみればよい。

業種によって見るべき指標の重要さの度合いは異なるが、一般的な視点というものがある。指標の意味を正しく理解しながら、自社と他社との違いを大まかに把握することができよう。**図表４**は大鉄鋳造の指標を鋳物業の中小企業データと比べたものであり、いろいろな点で違いを認識できるものと思う。

ただし、参考にしたデータの特性を知っておく必要がある。公表された統計値等は主に決算数値に基づくものであるが、世の中小企業は、決算書について何かしらの調整を行っているのが実態である。利益が出すぎれば節税対策を行うし、逆であれば利益が出ているように見せる、すなわち粉飾だ。よって可能であれば、父親からヒアリングを行って、実態を反映した貸借対照表と正常収益力を把握しておくことも重要である（**図表５**）。

図表４　同業他社との経営指標比較

	指　標	大鉄鋳造 N－2年	N－1年	N年	評価 傾向	他社比較	黒字企業平均	赤字企業平均
総合指標	総資本営業利益率(%)	−1.8	−2.2	−1.5	停滞	×	4.7	−1.2
	総資本経常利益率(%)	−2.9	−3.0	−2.8	停滞	×	2.5	−2.4
収益性	売上高総利益率(%)	9.9	9.2	8.0	悪化	▲	15.4	12.6
	売上高営業利益率(%)	−2.5	−3.4	−1.9	停滞	▲	4.8	−3.0
	売上高経常利益率(%)	−3.4	−4.8	−2.9	停滞	▲	2.7	−5.4
効率性	売上債権回転期間(日数)	82.3	88.6	90.5	悪化	×	90.1	82.5
	棚卸資産回転期間(日数)	39.9	40.0	42.3	停滞	△	29.6	38.6
	買入債務回転期間(日数)	63.1	59.9	63.4	維持	○	62.4	49.4
生産性	１人当たり売上高(月)(千円)	1,833	1,387	1,598	回復見込	△	1,930	1,261
	１人当たり人件費(月)(千円)	472	456	443	停滞	▲	412	388
	労働分配率(%)	60.2	63.2	59.2	停滞	▲	40.2	58.1
安全性	流動比率(%)	124	102	121	停滞	△	151	108
	当座比率(%)	82.0	70.3	72.6	悪化	△	120	65.5
	手元流動性比率(月数)	1.2	0.9	0.7	悪化	×	2.0	1.0
	借入金対月商倍率(月数)	12.8	14.9	11.4	回復見込	▲	6.7	12.0
	自己資本比率(%)	10.7	7.6	5.8	悪化	▲	30.1	8.2
	固定比率(%)	170	189	210	悪化	▲	144	230
債務償還能力	債務償還年数(年)	20.2	32.5	29.2	悪化	×	8.4	30.4
	インタレスト･カバレッジ･レシオ(倍)	−1.3	−2.1	−0.9	回復見込	▲	4.3	−1.8
成長性	対前年売上高比率(%)	88.9	78.3	95.8	悪化	△	102.2	86.9

※他社比較は「◎良い、○問題なし、△問題がなくはない、▲少し悪い、×悪い」の５段階評価

図表５　実態貸借対照表と正常収益力の把握

１）実態貸借対照表作成のための修正項目	
売掛金	長期間固定化している回収不能・困難な売掛金はマイナスする
受取手形	不渡手形や融通手形は不良性資産としてマイナスする
棚卸資産	不良在庫、換金不能な商品、利用不能な材料はマイナスする
貸付金	役員宛て貸付金のうち、回収不能と見込む分はマイナスする
有価証券	市場性のあるものは時価に修正する
土地	時価に修正する
建物・設備	減価償却不足額があればマイナスする
２）正常収益力把握のための留意点	
一過性取引の補正	毎期経常的に発生しない取引はその分を除く、または平準化する
経済合理性のない取引の補正	親族などとの取引で通常の条件と異なる取引がある場合には、この影響を除く
会計処理誤りの補正	営業費用の特別損失計上、減価償却の未実施等、決算操作や売上高の計上期ずれ等の会計処理誤りを修正する

掟その5　同じ境遇にある人と出会う

▼分かり合える人は少ない

カリスマ社長を父に持つ息子は、大小の差はあれ否応なしに劣等感を心に抱える。そんな心理状態では、他人からのおざなりの応援や共感は逆にうるさく感じてしまう。そのとき、唯一救われるのは、自分と同じ境遇にある人との会話である。彼らとの会話は、疑問や悩みの共有となる。それは「不安を払拭する特効薬のようなものである」とは、私が実際に聞いた声だ。

父親に相談すれば解決する疑問と、そうではない悩みが、後継者にはある。その悩みを打ち明ける相手と出会う方法はいろいろあろうかと思うが、私は何はともあれ〝後継者育成セミナー〟への参加を提案することにしている。

図表6　後継者育成セミナー参加の利点

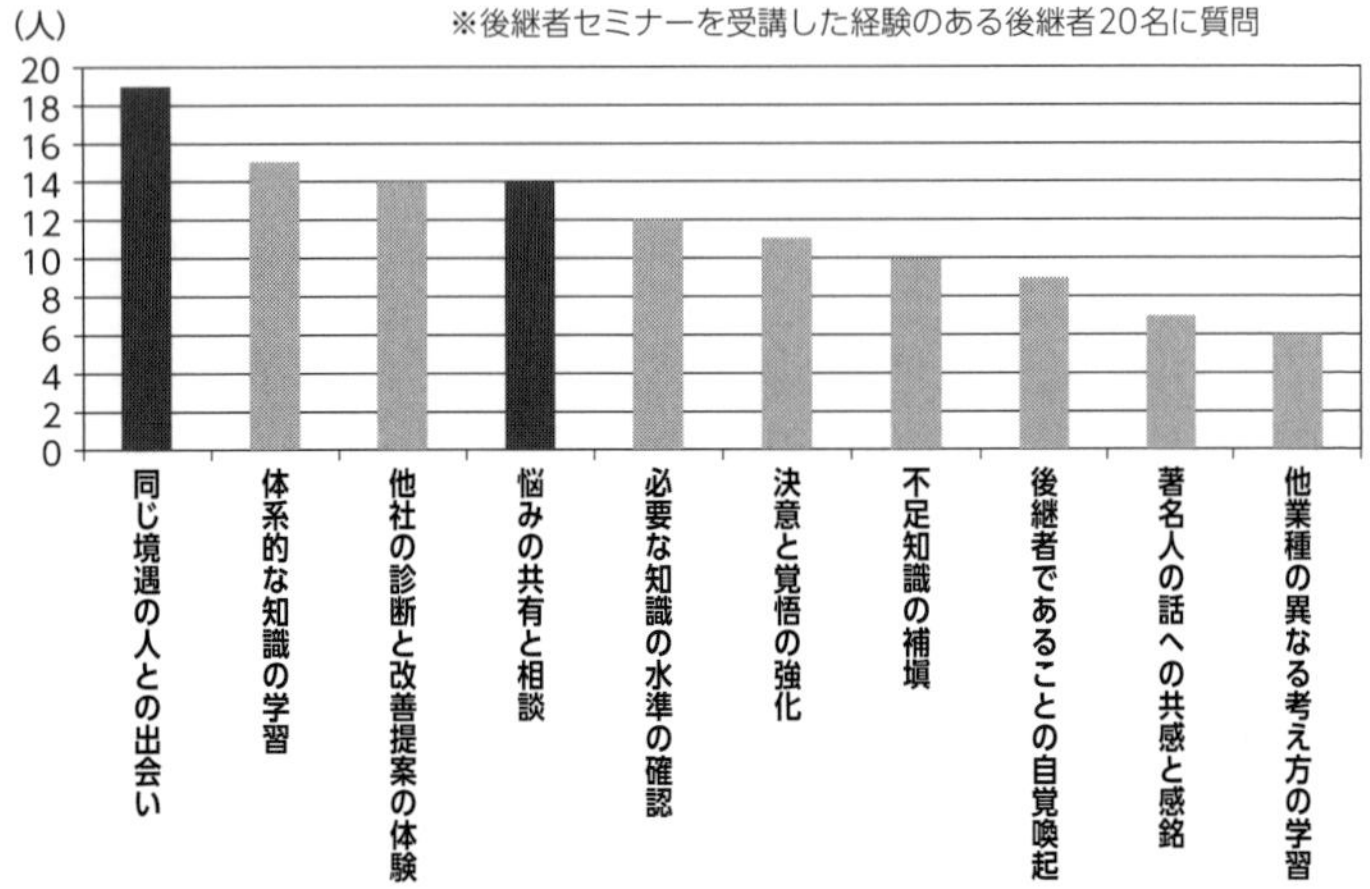

※後継者セミナーを受講した経験のある後継者20名に質問

後継者育成セミナーへ参加してみる

経営に関するセミナーは古今東西無数に存在するし、受講者を後継者に限定したセミナーも同様である。中小企業大学校、商工会議所等、大学院、金融機関が提供するものなど選択肢は少なくない。基本的に経営に必要な知識を学ぶ、あるいは体験することができる内容であるが、これを第一の目的とするのではなく、「同じ境遇にある人との出会い」を最も重要な目的とするのがよいと考えている。

後継者育成セミナーに参加してもらった後、感想を聞いてみると「同じ境遇の人との出会い」については、実に二十人中一九人が

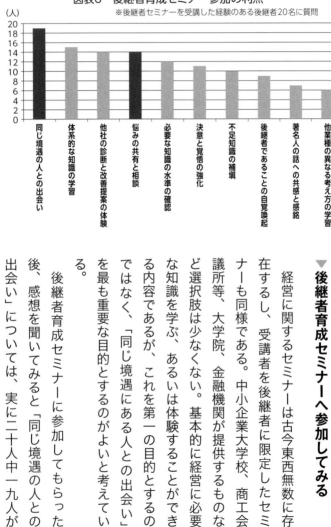

利点として挙げており、「悩みの共有と相談」についても二十人中一四人が利点として挙げている（図表6）。このことからも、後継者育成セミナーへ参加することの一番の意義は、「同じ悩みを持つ人とのコミュニケーション」にあると言ってよいだろう。

ポイントは、こういった悩みの共有や相談は、講義の最中というよりは、講義の間の休み時間や、講義終了後の食事や飲み会などの場で話されることがほとんどだという点である。あなたが人見知りであるかどうかはさておき、せっかく払ったお金と時間を無駄にしないよう、積極的に周りの人間と話をしてみよう。

第2章

既存ビジネスの立て直し（準備編）

正道、29歳の春。修業を終えた先に待ち受けていた、甘くはない現実。

どこから取りかかるべきか

「本音を言うと、このままうちで働いてもらいたいな。優秀なチームリーダーが抜けると周りのメンバーの士気に影響が出るからね」

川崎鋳造を辞めるとき、社長の金宮《かねみや》は残念がってくれた。

「四年間、一生懸命に働いてくれてありがとう。だいぶ仕事も覚えたことと思う。本来であればそのノウハウを外には出したくないのだけれども、川崎鋳造と大鉄鋳造は今後も協力関係でやっていきたいと思っている。私としても大鉄さんが倒れてしまうのは本望ではないからね」

正道は金宮社長の理解に心から感謝し、晴れて大鉄鋳造に入社することとなった。

正道、二十代最後の四月のことである。

「いやぁ、正道君っ、ついに入社だね！」

入社の日、始業時間よりも一時間早く出社すると、製造部長の青島が待ち構えていた。

「なんか……あれだね。ずいぶんと雰囲気変わったね」

「そりゃそうですよ。スーツを脱いで四年、来月には三十歳ですから。青島さんも苦労されているようで。白髪がちょっと増えました？」

久しぶりの対面で、お互いの容姿の変化を笑い合うことで、正道の緊張は少しほぐれた。

始業時間になり、既に炉に火がつく工場内で正道の紹介が行われた。

「息子が今日から入社する。社長の身内と考えず、ただの中途社員が入社したと思って接してほしい。間違いがあれば正してやり、必要であればきっちり叱ってもらってかまわない」

社長は正道を後継者として紹介しなかった。ただ、一人の従業員として接するようにとだけ話した。続けて正道が従業員五十人の前に立った。正道の挨拶の後、まばらな拍手が続いた。遠目に見て、怪訝《けげん》そうな顔になる者、眠そうな顔のまま持ち場に散っていく者など、どちらかといえば歓迎ムードとはいえない朝礼であった。

「正道君、うちの朝礼はいつもこんな感じだよ。歓迎されていないわけじゃないからね」

それぞれが持ち場に移動する中で、青島が正道に耳打ちした。

「ところで、正道君はどの仕事からやっていく感じになるの？」

「それがですね、社長からは現場も覚えつつ、営業と経理をメインにやれと言われました」

「なるほど、営業ね。正道君が川崎鋳造にいる間、うちの売上は下がる一方だったからね。全盛期から七億円も下がって今期は一三億円まで落ち込んでしまってるんだ」

「なかなか厳しいですね……」


正道が入社する二か月前。

正二は裕美を連れてフューチャーコンサルティングの水戸を訪ねていた。正道が入社した後の教育方法について尋ねたかったのだ。

「おそらく社長は、順序立った流れで会社を成長させてきたわけではなく、がむしゃらに頑張って、気づけばいつの間にか会社が大きくなっていた。そんな感じではないでしょうか?」

「おっしゃる通りです。私も妻も必死でしたからね」

「そういう方がいざ自分の息子さんに教育をしようとすると、あれもこれも気づいたところから詰め込もうとしてしまいがちです。ですが、経験上、それではなかなかうまくいかないようです。頭でしっかり考える方が多いようですから」

「そうですか。では川崎鋳造で経験した生産改善の分野から取りかからせるべきでしょうか？」

「いただいた資料からすると、営業面の課題のほうが重要と思われます。粗利益率の低下が気になります」

水戸が、正二から渡された資料を、指でなぞるように次々とチェックした。時折電卓を叩き、いくつかの数字を手元にメモしていた。

「一概には言えませんが、一般的には粗利益率の減少は商品価値の下落を意味します。正道さんは、顧客は大鉄鋳造に何を求めていて、大鉄鋳造は顧客にどんな価値を提供できるのか、そこを改めてしっかり自分の目で確かめるべきでしょう」

「なるほど。そういう考え方もありますな。しかし、いきなり営業をさせるのは難しいのでは？　結果を出せずにつまずいてしまうとよくない気がします」

正二は顎《あご》に手をあてて無精ひげを撫でた。自分の中になかった考えやアイデアを吟味するときにそうするくせがある。

「入社後、つまずかずに流れに乗れるかどうか、抑えるべきポイントは『立場の確保』、それに『結果を出すこと』のふたつです」

水戸は、ホワイトボードにペンを走らせて説明した。

「わかりました。ということは、やはり正道には営業を経験させるべきですな。だが、なんというか……畳んだ工場の跡地に大きなマンションが乱立する始末です。鋳物の需要が落ち込んでいる何よりの証拠です」

少し間を空け、水戸はテーブル越しに正二に顔を近づけた。

「パイの奪い合いがあると考えられませんか？　廃業した会社に発注していた企業は、また違う鋳物業者を探す必要があるということです。そこに新規獲得のチャンスが必ずあるはずです。正道さんにそこを開拓してもらうというのはいかがでしょうか？」

水戸の説明に納得した正二は、正式に大鉄鋳造の事業承継について支援を依頼した。

「赤星社長、それでは御社の担当に黒谷《くろたに》をアサインします。彼女が御社に定期的にお邪魔して事業承継のお手伝いをさせていただきます」

そう言って席を立つと、部屋の奥から一人の女性を連れてきた。

「はじめまして、フューチャーコンサルティングの黒谷ひかりと申します。よろしくお願いいたします」

ポジションの確保

入社後、正道は営業課長というポジションを与えられた。営業部は社長が直属の上司、部下は二十五歳の藤野《ふじの》、実質二人のチームで、三年前から管理職不在となっていた。正道に営業の経験はなく、かといって社長からの指示もなく、右往左往して日は過ぎた。正道は、とりあえず藤野から仕事の流れを聞き出し、現状の顧客や営業方法についての情報収集をすることにした。

同時に、黒谷からのアドバイスで、顧客に伝えるべき自社の価値、すなわち自社の強みを整理することも始めた。これには、他の従業員たちとの様々な会話からとりかかることとし、仕事の合間や休み時間、それに帰り際に声をかけた。

業績がよくないとはいえ、川口市では名の知れた大鉄鋳造だ。明確な強みや他社との差別化要因がきっととあるのだろうと思っていた。ところが……返ってきた回答に違和感を覚えた。

誰もが、「技術力」と「顧客対応力」と口を揃える。ところが「なぜそう思うのか、その実態は何か？」という問いには、ほとんどの従業員が首をかしげた。その疑問が解決したのは、青島の「それが社長の口癖だからさ」という回答にたどり着いたからである。

さらに新規開拓の際の営業用ツールにはどんなものがあるか確認したところ、藤野からは期待する回答は得られなかった。自社製品を載せたパンフレット、実績紹介資料などは何も存在せず、十年前に作成した会社案内だけで営業しているとわかったときには、さすがに驚きを隠せなかった。それを青島に聞くと、彼ですらも首をかしげる他なかった。

「そういうのは昔いた部長の仕事だったしね」

「(なるほど……自分で手を動かさなければ、何も始まらないってことだな)」


「それでは新規顧客の開拓は難しいでしょうね」

月に一度、正道の後継者育成の指導のため、黒谷が大鉄鋳造を訪れていた。

「そのあたりの整理が急務ですね。資料作りは他の誰にも期待できないと思いますよ」

「やっぱりそうですよね。そういうところから地道にこつこつやっていきますか」

やる気のみなぎっていた正道は、少し出鼻をくじかれた気がした。

「もうひとつ気になることがあります。この数年の粗利益率の減少が気になります。後で調べていただきたいことがあるので、直近数年間の毎月の試算表と、売上高上位十社の顧客にどういう注文内容の変化があったかを調べてください。社内にデータがなければ周りの方から聞き出すか、昔の注文書や製造指示書、または日報をひっくり返すしかないでしょうね」

「数年ですか……。黒谷さん、結構な時間がかかりそうですけど、大変なことを軽く言いますね」

「楽して結果を求めようとしても駄目ですよ。会社の中の問題の原因を明らかにしていくことが、今の正道さんにはとても重要なことなんです」▼掟その7

普段は柔らかい黒谷の表情が、ときどきキリッと引き締まる。

その後しばらく、主に社長や専務、それに製品の納品担当に同行して既存顧客を回り続けた。その中で聞き取れた顧客の声に、正道は驚いた。

「ドイツはもちろんだが、この十年で中国やインドの会社の技術力もずいぶんと上がったんだ。特に中国ね。今までは国内でしか作れなかった製品も中国生産にシフトしてるし、作るだけじゃなく設計の技術も上がってんのさ。よく勉強してるよ、彼らは。ほんと貪欲だよ」

「（設計技術が向上してるってことは、試作の相談も彼らのほうに行ってしまう可能性があるってことか……顧客対応力もあるっていうことだ）」

知れば知るほど、自分の中で疑問と心配が大きくなっていくのがわかった。

「ところで、ご発注いただくお立場として、大鉄鋳造の強みって何だと思われますか？」

正道は会話のタイミングを見計らって、ストレートに聞きたいことを聞いてみた。

「他社のやらない注文を引き受けてくれるのがいいよね」

その言葉を聞いて一瞬だけ安心を覚えたが、その意味を正しく確認することにした。

「他社が断る単価でも大鉄鋳造さんは受けてくれるでしょ。やっぱり昔から付き合いのあるところは、うちの厳しさをわかってくれるから、なにかと助かるんだ」

そう話してくれた顧客は、その後のヒアリングで複数社あることがわかった。

「（要は、他社では採算の取れない単価でも、うちは受けるってことだろ……）」

正道の中で、入社前にはなかった危機感が確実に芽生えていた。そのことを黒谷に伝え、何度かの打ち合わせの後、今後の営業方針としてまとめた。売上よりも利益、つまりキャッシュが残る顧客を優先して受注を拡大していくという内容であった。

実家に戻って食事しながら報告すると、正二は納得がいかない様子であった。

「売上が下がれば利益が下がるのは当たり前だ。売上こそ商売の生命線なんだぞ。昔から付き合いのあるところへ、製造をやめますなんて一方的に言えるはずなかろう」

正二は声を大きくした。しかし裕美が、お茶の入った湯呑をお盆に載せながら、「この数年は資金繰りも厳しくなっている」と口を挟んだ。そこで過去三年間の粗利益率の変化と、主要顧客との取引内容がどう変わったのかをまとめた資料を出して見せると、さすがの正二も渋い顔のまま黙ってしまった。正道には、父親がこういう反応を示すことがわかっていた。入社前に何度も父親から、売上高を維持することへのこだわりを聞いていたからだ。

自分の思い通りになる……わけがない

事業承継実践塾では、財務諸表の読み方や資金繰りについても学んだ。その知識をもとに、正道は自分でも勉強を継続していった結果、自社の財務諸表は読めるようになっており、試算表の現預金の項目は毎月追って確認していた。

▼掟その8

「業績が低迷している会社が自社の改善に取り組むとき、第一に注意すべきは、その会社に残されている時間はどれくらいなのかを知っておくことです」

黒谷からアドバイスを受けている中でも、特に重要なことだと念を押されていた内容である。

「稼いだ利益が単純に現金を増加させるわけではないんだよな……ＰＬ（損益計算書）だけでなくＢＳ（貸借対照表）の科目も現金の変動要素であるし、投資や金融機関からの借入れや返済といった項目も考える必要があるってことだ」

「正道さん、いろいろ詳しいんですね。何をなさってるんですか？」

事務の白倉が、正道のパソコンの画面をのぞき込んだ。

「社長からはそろそろ経理も担当しろと言われているんです。日常の事務的な処理に加えて、管理会計的な側面から自社の数字を把握しておく必要性があると思っているんですよ」

「大変ですね。あっという間に半年経ちましたけど、毎日遅くまで残られていますよね」

「恥ずかしながら、まだまだわからないことだらけなので……」

正道は頭をかいたが、本当にそうなのだ。

「白倉さんは経理の実務に詳しいでしょうから、いろいろ教えていただかないといけませんね。お願いします、先生」

正道は、営業で外回りをしていない時間は、努めて従業員と会話を交わすことに時間を費やした。経理だけでなく工場にも毎日顔を出し、一人ひとりに声をかけ続けた。しばらく試行錯誤した結果、自分なりに従業員との会話のコツを覚えたようであった。

まもなくして、見栄えのよいパンフレットや実績紹介資料などの営業ツールができあがった。これを機に一社ごとの新規開拓アプローチを行うだけでなく、展示会や商談会、マッチングイベントへの参加を決めた。展示会については青島に相談を持ちかけ、製造課長の三浦が同行することとなった。

展示会の会場はまずまずの人の入りで、正道や藤野が声を張り上げた甲斐もあり、大鉄鋳造のブースにも小さな人だかりができていた。ところが、技術的な説明を三浦に求めると、「いやそれは、そんな感じっす」と、お世辞にも褒められた対応ではなく、来訪者も苦笑いする他なかった。正道はいったんブースを離れ、三浦にビジネスマンらしい対応を求めたが、返答に唖然とした。

「自分、職人っすよ。なんで俺が営業なんてしなくちゃならないんすか？」

「別に、営業をしてくださいだなんて言ってませんよ。ただブースに来てくれた方の質問に丁寧に対応してくださいと言っているんです。自分が会社のイメージを左右するんだというくらいのつもりでやっていただかないと困ります。会社の代表として来てるんだから」

「はっ？　なんで俺が会社の代表なわけよ。そんなの聞いてねーっすよ」

そう言うと三浦は会場を離れ、しばらく戻ってこなかった。

「（少し新規受注が取れ出したってだけで、みんなが認めてくれるわけじゃないしなぁ。そう簡単にこちらの思う通りに動いてくれるわけもないか……）」

声にならない声で呟いたとき、正道はふと、事業承継実践塾で一緒だった藤原雅治を思い出した。当時、上司の指示に部下が従ってくれない、彼がそんな悩みを話してくれたことを記憶しているが、今では社長業も軌道に乗っていると、利用しているSNSに書き込みがあった。

連絡を取ると、藤原は快く時間を取ってくれた。ほとんど自由な時間がない中、久しぶりの酒を口にした。酔いのせいもあって普段の緊張が解けたのか、正道はありのままの悩みを藤原に話した。

「まだまだ人を動かそうとしてはダメ。少し仕事が流れに乗ってきた段階じゃ、『実績を作った』なんて言えないよ。会社のことを真面目に一生懸命考え続けているからといって、自分が間違っちゃいないなんて思うのはおこがましい」▼掟その9
ダメ出しばかりで酒が不味くなるようで、正道は少し顔をしかめたが、藤原はかまわず続けた。

「それに、自分は将来の社長だなんて、ちょっとでも思っちゃダメ。そういう考えが出てくると、謙虚さや素直さが消えていくからね。正しいとか間違っているとか、今はまだそういうものさしで他の従業員と議論できないはずだし」

確かに、今は寝ても覚めても会社のことを考えている。もはや、父親よりも自分のほうが会社のことを気にかけているのでは、とさえ思っている。だから自分の考えは正しい。そんな気持ちが芽生えているような気がした。酔っ払っている割には鋭い指摘だな、さすが二代目社長経験者。それが正直な感想だった。

翌日、黒谷にもこのことを話すと同じように諭された。さらに、三浦に展示会参加の依頼をする際、事前にそれをやる意義や理由の説明が不十分だったのではないかと、ズバリその通りの指摘をされてしまった。

正直なところ、頑張っている自分を少しでも褒めてくれるのではと思っての相談だったのであるが、藤原も黒谷も、そんな優しい言葉は少しもかけてくれなかった。

「三十歳を過ぎたら誰も褒めてくれない、ってか」

むなしい独り言がこぼれた。

既存ビジネスをどう立て直していくのか

プライドが邪魔したのだろうか、正道は三浦と話す機会を逸してしまい、展示会以来、ぎくしゃくした関係になってしまった。試作品製作の引き合いや見積もり依頼を取ってきた後の生産現場との打ち合わせでは、三浦はそっぽを向き、積極的な発言や提案が聞けることはなかった。

「(結局、損するのは自分のほうだな……)」

正道が入社して早一年と半年が経ち、努力の甲斐あって新規顧客の数は増え、少しずつではあるがリピート受注が来るようになっていた。

売上は目に見えて結果を表す。一部の人間は正道の頑張りを認めていた。汚れた作業着で遅くまで何度も現場に足を運び、素直に職人たちの意見を聞く姿勢は、いつしか現場に馴染んでいた。そんなある日の夜、従業員が全員帰った後、正二が正道を会議室に呼んだ。

「もう九月か、この時間になると涼しくなるな……営業も経理も一応のところ合格点をやってもいいと思ってる。いろいろ口を出したいところもあるが、まあ、お前なりによくやっているな。そろそろ次のステップだろう」

「えっ、今やっと営業が面白くなってきたところなんだけど」

正道の何か言いたげな口ぶりをよそに、正二は手にしていたノートから、ふたつ折りにした数枚の紙を取り出した。開いてみると「事業承継計画書」▼**掟その10** と書いてある。

「黒谷さんと考えてみた。まあ見てみろ。異論がなければ、今後これでいくつもりだ」

「もっと受注を増やして売上を安定させなければならないよ。藤野君一人では、まだ新規獲得は……」

「おい、正道」

早口になった正道を、正二が低い声で制した。

「一生懸命になるのはいいが、ひとつのことに夢中になってのめり込んではいかん。細部を見る目も必要だが、経営は常に全体を俯瞰して考えなければならない」

トンットンッ。正二が机の上に広げた資料を指で叩いた。

「次は現状のビジネス全体の改善だ。プロジェクトにするぞ」

指の先の資料にはメモがぎっしり書かれていた。何度も読み込んだのだろう、よれよれになった事業承継実践塾の資料の「既存ビジネスの立て直し（準備編）」のページが開かれていた。

＜既存ビジネスの立て直し（準備編）＞
・掟6　立場の確保、業務に全力で取り組む
・掟7　事象を「見える化」する
・掟8　資金管理を徹底する
・掟9　従業員との見えない壁を壊す
・掟10　事業承継計画の策定
・掟11　問題の紐解きと改善策の具体化

「今後この会社をどう成長させていくのか、その方向性をお前が示さねばならんだろう」

正道の顔からはほんの少しの余裕も見えなかった。

「自分の顔を鏡で見てみろ。情けない顔するな。そんな顔を従業員の前で絶対にするなよ。不安な顔をする社長になぞ、誰もついてこないぞ」

正二は鏡を指差した。昔から会議室の壁にかけてある古臭い鏡だ。捨てればいいのにと思っていたが、もしや父親も、この鏡で自分の顔をこっそり確認していたのかもしれない。

「わ、わかったよ」

翌月から正道は、経営企画室長として会社全体についての課題に取り組むことになった。

「さて……やりたいことが山ほどある気はするけど、何から取りかかればいいんだろう？　いざ手を動かそうとすると、迷うんだなこれが」

「一度、客観的な目線で、自社のことを見直してみましょうか？」

黒谷の提案は、企業を取り巻く内外環境の分析フレームワークを使ってみては、ということであった。

「確かに、今必要なのは全体の把握と整理だ。俯瞰して全体を見て、問題点を洗い出して、その関連性を整理して、より本質的な問題をあぶり出す」▼掟その11

「そうです。営業は気兼ねなくできたでしょうけど、これからは他人の領域に踏み込みます。相手が納得できるように問題点や課題を整理する必要がありそうですね。それに、正道さんがやろうとしていることの必要性を、従業員たちが十分に納得できなければなりません」

「やることを決めて、業務命令として指示を出すのでは駄目なのかな」

「上が決めて下は命令に従う。それを行いたければ、カリスマ社長としての圧倒的な力を身につけなければなりませんよ。あなたが目指すべきは、上意下達《じょういかたつ》の組織ではなく、従業員と双方向のコミュニケーションが成立する『自立型組織』です」

「そうでしたね、自立型組織……」

「そうです。進むべき方向性に向かって、自らの目標を設定し主体的に行動する。階層に関係なく相談し合い、知恵を出し合って問題を解決する。そういう形の組織を目指します」

「いいですね。そういう組織にしたいです」

「まずはこれを覚えてください」

黒谷は、文字や表で埋め尽くされたホワイトボードの一部を消して、また書き込んだ。

＜「自立型組織」実現の土台＞
・やらなくてはならない明確な理由が存在し、当人たちが腹落ちする
・実行の妨げになる制約事項や問題点の除去を、トップ自ら行う
・目標を達した時点のプラスのイメージを、従業員たちが持つことができる

「ひとつ目はわかります、そのままの意味ですね。ふたつ目はどういうことですか?」

「例えば、業績低迷の原因がわかり、対処のための実行施策を考えたとします。重要なの

はその次です。施策が明確になったとしても、その施策の実行自体に課題が発生しますよね？」

正道は小さく何度もうなずいていた。確かにその通りだと思ったからだ。問題の発見とその解決策の立案まではすぐにたどり着くが、その後が大変だったということは、これまでに何度も経験していた。

「〝モンスター〟の登場です。〝できないモンスター〟〝無理ですモンスター〟。いろいろなモンスターがいます」

「あはは、正道さん面白いこと言いますね。でも、その通りです。そのモンスターを放置する、つまり『どうすればできるかを考えろ！』と突き放してしまうと、すべてそこで頓挫してしまいます」

「それ、すごーくわかります。川崎鋳造にいたときも同じような経験をしてきましたので。結局、中小企業は、まずは会社の中のできる人、つまり〝ヒーロー〟が率先して動いていかないと、いつまでたっても変わらないんですよ」

「そうですね。ただ、自分がヒーローになったつもりで全部をやる必要はありません。任せるべきところは任せてしまえばいいのです。その人の能力や経験、周りとの関係、仕事の慣習など、新たなことに取り組むための障害になることはたくさんあります。その障害を取り除くところを、正道さんがしっかりとフォローしてあげないとなりません」

「なるほど、それが『問題点の除去を、トップ自ら行う』ってことですね。それと、三つ目はその改善をやりきった後の具体的な成功イメージですね」

「そうです。まずはこの三つを確立することが、自立型組織実現のための土台になります」

「よし。何はともあれ情報収集だね。なんだか少し楽しく思えてきたよ」

ここがひとつの山

昨晩は、中間報告を兼ねての、父と母と三人での夕食だった。

報告内容について、裕美は正道の頑張りを労《ねぎら》って喜んでいた。一方、正二は「ああ、そうか」と軽く受け流して、後は帰り際に、「正道、現場に足を運ばないようでは大事なものが見えなくなるぞ」と口にしただけであった。そのとき、正道はその発言の意図をあまり気にせずにいた。

しばらくの間、正道は、分析のための情報収集を行う一方で、藤野に同行して営業の教育も行っていた。せっかく関係ができた新規の顧客との信頼関係を維持するために、客先を歩き続け、その合間を縫いながら、集めた情報の整理を行っていた。

　正道の席はいつしかメモと資料、書籍であふれかえっていた。今にも崩れそうな山積みの紙の中で、一心になってパソコンに向かう正道に、青島が声をかけた。

「正道君。最近ずっとパソコンに向かっているけど大丈夫かい？」

「ああ、青島さんもお疲れさまです。僕は大丈夫ですよ。ご心配なく」

「いや違うんだ。そういうことじゃないんだ……、この後、軽く一杯どう？　最近そんな余裕が全然なさそうだったから誘えもしなかったけど」

「いいですね。久々に行きましょうか」

　店に入って席に着くと、正道はジョッキの半分を一気に飲んだ。もう少しで環境分析や今後の会社の方向性を示した資料ができあがる。これで、会社をよくしていくための自分の考えを従業員に伝えることができる。そんな一時の充実感からか、酒がうまく感じた。

　ところが、である。

「あれ、青島さん飲まないんですか？」

「正道君、実はね……」

青島の話した内容は、現場の従業員たちが総じて、最近の正道が何をしているのかよくわかっていないということであった。忙しい業務中に、会議室に呼ばれていろいろ話をするのだが、そもそも正道が何をしようとしているのか、理解ができていない。鋳物業界の動向や大鉄鋳造の経営指標の話をして、会社を変える必要があるということを言いたいのはわかるが、話が頭に入ってこない。そういった意見が大半を占めているというのだ。

「ショックだな……しっかりと説明したつもりでいたのに」

正道はジョッキの取っ手を強く握った。

「いや、私なんかは正道君がよく話をしてくれるからわかるんだ。もちろん私だけじゃなくて、一部はきちんと理解しているはずだよ。ただ、今まで社長からそんな話をされたことなんてなかったし、混乱している人も少なくないと思う」

正道には、自分の頑張りが受け入れてもらえない事実を目の当たりにして、悔しさと同時に少しの憤りがあったのだろう。青島には正道の気持ちを察することができた。

「正道君。従業員の中には、正道君が生まれて間もない頃から、現場で働いている人がいるわけで、慣れ親しんだやり方や考え方はそう簡単には変えられないよね。だから、正道君の考えるペースで相手が変わってくれるわけじゃないってことだよ。十を話して、一でも二でも理解してくれたら合格。それくらいの気持ちの余裕があってもいいと思う」

気持ちが折れかけた正道は、黙ってその話に聞き入った。

「青島さん、ありがとう。大鉄鋳造に青島さんがいてくれてよかったです」

「もっともっとじっくり時間をかけて、正道君自身で従業員一人ひとりと話をしたらいいと思うよ。それに社長にたまに聞かれるんだ。『あいつはしっかり現場と話ができているか』ってね。社長が一番気にしているのは正道君と現場の関係なんじゃないかな」

それを聞いて、正道は先日の家での夕食時に正二が発した言葉を思い出した。

「そういうことか……」

正道は正二に再度報告し、現状分析、方向性の導出、課題の設定についてもう少し時間が欲しいという旨を伝えた。そして何度も何度も現場の従業員たちと話し込み、時には金宮社長に頼み込んで、川崎鋳造の先進事例を一緒に見学させてもらった。


四か月後、正道は、これまでの分析や整理の結果を社長へ報告した。

「そういうことだ。今のお前のミッションは改革ではなく改善だからな。地に足のついた内容でなくては絵に描いた餅になってしまうぞ。そこを忘れるな。現場を知らない経営企画室なんぞ、学者の評論みたいなもんだ。まあ、お前が鈍くないということがわかってよかった」

社長の了承の後、五十嵐と青島、それに他の三人の管理職へ内容説明を行った。反応は各人バラバラであったが、大枠のところでは反対はないようだ。

ただし、製造課長の三浦からは攻撃的な質問があり、もう一人の製造課長である緑岡《みどりおか》と品質管理部長である茶川《ちゃがわ》についても、変化に対する不安からくる質問があった。五十嵐は、既存顧客との取引の見直しと人事評価制度の導入について懸念があるようであった。正道はひとつずつ、努めて丁寧に質問に答えた。

掟その6　立場の確保、業務に全力で取り組む

▼スタートでつまずかないために

入社後にうまく流れに乗れるかどうか、心配性のあなたにとっては重大な関心事だろう。ひとつ目のポイントは「立場の確保」である。一度、従業員の指揮下に入ると、その人に頭が上がらなくなり、いくつかの部署を経験させるうちに、自分を育ててくれる師匠が幾人もできあがってしまう。すると、今後何をするにも彼らに遠慮してしまう恐れがある。かといって、従業員との接点が少なすぎてもよくない。その両方の問題を回避するためには、社長が直轄するポジションの仕事に就かせ、そこから周りの従業員と接点を増やしていくやり方がよい。そうして数年の間に他部署のキーマンたちと横並びのポジションまで昇進させる。

もうひとつのポイントは「結果を出すこと」である。新参者が後継者として従業員たちから受け入れられるには「正当性」と「信用」が条件となる。正当性に関しては、社長の

子どもということで基本的にはクリアだろう。子どもが親の会社に入社したということは、特段説明がなくとも、その人が後継者候補であるのだと周りは暗に理解できる。そういう意味で正当性については問題がない。

ただ、信用については別問題で、正当性が後継者に備わっていたとしても、当然のように信用されるわけではない。この段階で、周りから信用を勝ち取るために必要なことは、担当した仕事で結果を出すことに尽きる。特に、社内の人間が不得意とする分野にチャレンジして結果を出すことができれば、獲得できる信用は大きい。

▼顧客の目線で自社を見てみる

業績低迷時に後継者候補として入社してきた場合には、まずは営業として業務に携わることを勧めたい。理由は「売上の回復」と「顧客ニーズの把握」だ。

利益が減少している企業は、多くの場合、売上そのものの減少も同時に確認できる。一度下がった売上は、外部環境に変化がない場合、営業力や商品力を少し強化したくらいで状況の改善は期待できない。そこで、あなたの入社を機に、顧客ニーズをしっかりと把握し直したい。顧客との接点が薄いままでは、「(顧客は製品を) 買い続けているのだから、これで十分だ」と、供給側で勝手に解釈しがちである。そうならないように、新鮮な視点を持っているあなたが顧客と接し、自社への期待や要求を収集してくるのがよい。

社内の営業体制が手薄であれば、社長とあなたとの間の話し合いで、ある程度自由に動くことができるだろう。そして顧客の声を代弁し社内に新たな風を吹き込みながら、あなたのポジションを確保していくことになる。現業の部長や担当取締役の配下に配属されてしまえば、社長の指示であったとしても、組織上は彼らを無視することはできない。加えて彼らの(慣習的な)指示に従いながらでは、新たな試みに挑戦することもままならない。

▼携わった業務で確実に結果を出す

現業を知らなければ営業ができるわけもなく、しばらくは現場で汗をかくことを是非行ってほしい。その際は先輩や上司の指示を着実にこなしていきたい。同時に、この大切な時間の中で、意識すべきは従業員からの信用である。信用の蓄積は信頼となり、信頼の大きさはいつしか求心力に変わる。

意外なことかもしれないが、朝一番早く来て、元気に挨拶をして、先輩の話をメモにとり、周りの人たちと会話をし、夜遅くまで残ること、こういうことも大事だ。一生懸命に仕事をしている姿を見てもらい、周りに受け入れてもらうことから始めよう。

父親の会社に入社する前に、相応の期間、多方面にノウハウを持つ他社で鍛えられてきたあなたは、業務改善もこなせてしまうかもしれない。ところが、現業には慣習の壁が存在し、これを壊すのは決して容易ではない。それは、「慣習の壁を壊すこと」イコール「現業に携わる人間の否定」であるからだ。求心力を大きくしなければならないあなたが、信頼どころか信用もまだまだされていない段階から、従業員たちを否定するような行動はなるべく避けたほうがよい。

掟その7　事象を「見える化」する

▼言葉だけでわかった気にならない

ある程度仕事を覚えると、会社のことをわかったつもりになることだろう。このつもりには要注意である。つもりは事実とは限らない。業績低迷状態から抜け出すには正しい原因分析が求められ、それには状況を正確に把握することが欠かせない。父親や同僚との会話を鵜呑みにするのではなく、全体を俯瞰してみることは必須であろう。

そのためには、業績推移を「見える化」してみよう。決算書の数字をただ時系列に並べるだけでは駄目だ。これではなぜ業績が変化したのかがわからない。

業績変化（特に悪化）の原因を理解するためには、もう一段ブレイクダウンした事象を捉える必要がある。それには、試算表や社内の管理帳票を集めたり、場合によっては必要なデータを自ら収集・分析する必要もあるかもしれない。手間がかかるだろうが、その時間を惜しんではならない。

図表7では顧客別の売上と粗利益率、原価構造の推移を「見える化」している。さらに、過去、会社がどのような動きをしてきたのかも併せて紙に落とし込んだ。俯瞰的な目線と詳細な視点とを使い分けながら業績悪化の原因を探っていこう。

図表7　会社の沿革、売上、原価構造の変化

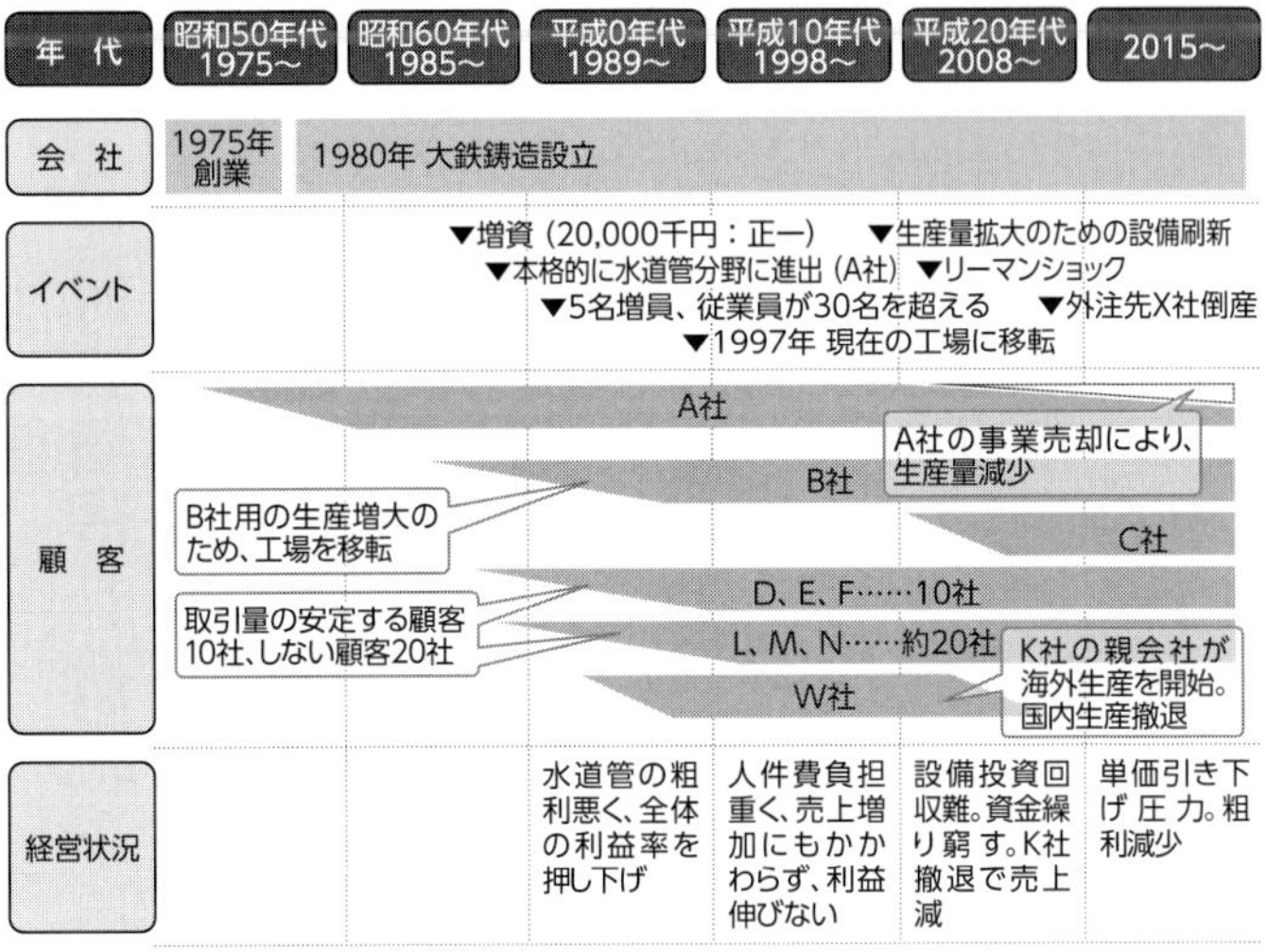

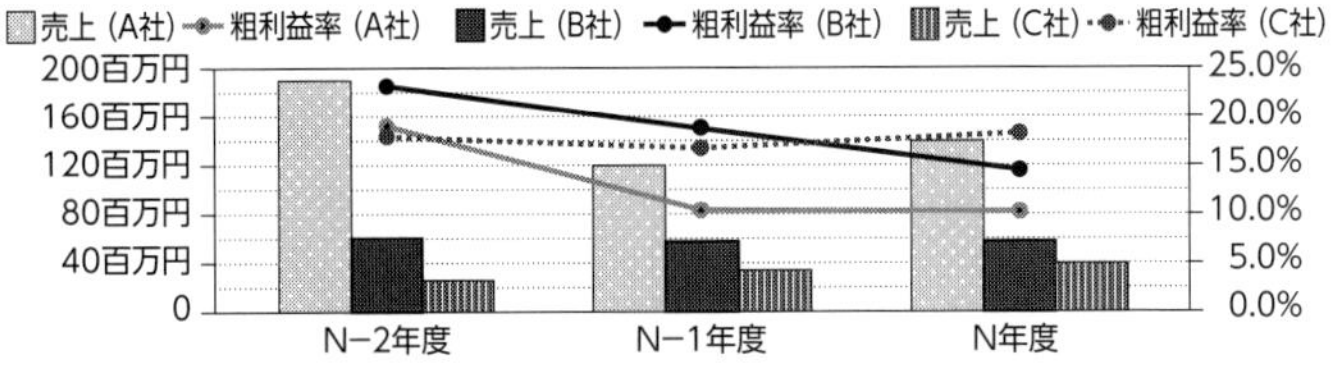

		N−2年度	N−1年度	N年度
A社	原価率	81.1%	89.8%	90.0%
	材料費率	28.2%	31.2%	32.1%
	労務費率	23.1%	24.3%	25.3%
	外注比率	7.2%	10.4%	9.8%
	製造経費率	22.6%	23.9%	22.8%
B社	原価率	76.8%	81.4%	85.5%
	材料費率	22.2%	24.4%	24.9%
	労務費率	32.8%	34.1%	37.8%
	外注比率	0.0%	0.0%	0.0%
	製造経費率	21.8%	22.9%	22.8%

		N−2年度	N−1年度	N年度
C社	原価率	82.3%	83.2%	81.9%
	材料費率	25.2%	25.6%	24.9%
	労務費率	24.7%	24.5%	23.9%
	外注比率	5.6%	6.1%	6.2%
	製造経費率	26.8%	27.0%	26.9%

掟その8 資金管理を徹底する

▼資金繰りは会社にとっての命綱

既存ビジネスの立て直しには、いくつかの制約条件が存在する。

その最たるものは、資金の制約である。特に支払いに関しては、六か月の間に二回不渡りを出すと手形交換所から排除され、その交換所に所属する金融機関は不渡りを出した法人・個人の当座預金口座を強制解約し、さらに追加の融資は一切行わない。同時に過去の借入金の返済を要求されることになる。こうなると、企業活動の継続が難しくなりそうな事態であることは、容易に想像できるだろう。

いつまで資金が続くのか予測することが、企業活動には欠かせない。赤字が続けば、基本的には手元の現金が減っていく。現状を改善しなければ、いつか預金も含め現金が底をついてしまう。そのXデーがいつになるのか、これが既存ビジネス立て直しの一番の制約条件である。

資金繰り管理を正確に行うことで、「いつまでに」に加え、「どれくらい」の改善をしなければならないのかを把握することができる。この目線をしっかり持っていなければ、改善に向けて頑張ってはいたものの、気づいたら会社が潰れてしまっていた、ということになりかねない。

具体的にどんな点に注意して資金繰り表を作成すればいいのか、次にまとめてみた。**図表8**と見比べながら確認していただきたい。

◆資金繰り表・作成のポイント

・**売上**……慎重に考える必要がある。掛け、手形、現金のいずれなのかはもとより、季節的もしくは特需的な変動要因があるのか、市場的な落ち込みを踏まえなければならないのか、自社にとって必要な考え方を反映させる。管理可能であれば、取引先別、商品別、店舗別等、できるだけ細分化した予測を行うことが望ましい。

・**仕入**……自社に必要な原材料、外注費等はある程度傾向を把握できているはずなので、売

図表8　資金繰り表

（単位：千円）

区分			項目	H26/10 実績	H26/11 実績	H26/12 予定	H27/1 予定	H27/2 予定	H27/3 予定	下期合計
売上高				15,334	17,255	23,234	20,222	17,261	16,275	109,581
前期繰越現金・当座預金（①）				10,024	6,581	4,505	5,403	10,976	11,091	
経常収支	収入	売上代金	現金売上							0
			売掛金現金回収	9,608	12,267	13,804	18,587	16,178	13,809	84,253
			（手形回収）	2,015	3,067	3,451	4,647	4,044	3,452	20,676
			手形期日落	1,610	1,704	1,403	2,015	3,067	3,451	13,250
			手形割引		1,010	1,900				2,910
		その他収入								0
		収入合計（②）		11,218	14,981	17,107	20,602	19,244	17,260	100,413
	支出	仕入等	現金仕入							0
			買掛金現金支払	2,400	2,133	2,998	2,425	3,905	4,708	18,569
			（手形支払）	1,240	1,319	1,008	924	874	1,033	6,398
			手形決済	897	878	921	1,240	1,319	1,008	6,263
		役員給与		1,700	1,700	1,700	1,700	1,700	1,700	10,200
		賃金給与		6,100	6,100	6,100	6,100	6,100	5,700	36,200
		臨時給与				2,500				2,500
		退職金							2,000	2,000
		修繕費				2,000				2,000
		消費税・固定資産税			2,192	350		2,542		5,083
		その他経費		1,408	1,408	1,408	1,408	1,408	1,408	8,448
		支払利息・割引料		420	460	496	420	420	420	2,636
		支出合計（③）		12,925	14,871	18,473	13,293	17,394	16,944	93,900
	差引過不足（④=②−③）			−1,707	110	−1,366	7,309	1,851	316	6,513
経常外収支	収入	固定資産等売却収入								0
		収入合計（⑤）		0	0	0	0	0	0	0
	支出	法人税等			450					450
		役員賞与配当								0
		固定資産等購入支払							1,450	1,450
		支出合計（⑥）		0	450	0	0	0	1,450	1,900
	差引過不足（⑦=⑤−⑥）			0	−450	0	0	0	−1,450	−1,900
財務収支	収入	借入金調達								0
		固定性預金取り崩し				4,000				4,000
		増資								0
		収入合計（⑧）		0	0	4,000	0	0	0	4,000
	支出	借入金返済		1,736	1,736	1,736	1,736	1,736	1,736	10,416
		固定性預金預け入れ								0
		支出合計（⑨）		1,736	1,736	1,736	1,736	1,736	1,736	10,416
	差引過不足（⑩=⑧−⑨）			−1,736	−1,736	2,264	−1,736	−1,736	−1,736	−6,416
翌月繰越現金・当座預金（①+④+⑦+⑩）				6,581	4,505	5,403	10,976	11,091	8,221	
残高	売掛金			15,781	17,702	23,681	20,669	17,708	16,722	
	固定性預金			17,000	17,000	13,000	13,000	13,000	13,000	
	受取手形			4,010	4,363	4,511	7,143	8,120	8,121	
	借入金			248,264	246,528	244,792	243,056	241,320	239,584	

上と連動するのかどうかも踏まえて予測する。それぞれを別個に管理してもよい。

・**人件費**……給与の変動（昇給）だけでなく賞与や退職金制度があれば考慮する。法定福利厚生費は一五％程度を目安に考える。

・**税金**……前年度の納入額を一二で割った数字を入れるのは、少し乱暴である。法人税も消費税も毎月定額で支払うわけではない。固定資産税にしても納期が四回に分かれている。

・**支払利息・割引料**……支払利息については、金融機関から届く返済予定表から数字を拾えばよい。割引料は手形期日前に現金化しなければならない時期に、割引料を加えておく。

・**固定資産取得**……事業上必要なタイミングで設備等を投資して取得したいところであるが、資金繰り上問題ないタイミングであることも考慮すべきである。

これらのポイントに注意して毎月数字を追っていき、さらに次の三点を管理する。

◆資金繰り表・管理のポイント

①経常収支はプラスか？

一時的な要因でマイナス月があっても、数か月単位で見た場合にはプラスになることが必要。

②現預金残高は必要最低限を上回っているか？

少なくとも月商の一・五倍程度の現預金を維持できれば倒産危険性は低いといえる。この数字を下回るようであれば、新たな資金調達や預金の取り崩しなどで対応していく。

③借入金返済が経常収支を上回っていないか？

借入金の毎月の返済額が経常収支を上回っているということは、現預金残高が減っていくことに他ならない。業績悪化傾向にある会社はこの状態であることが多い。

また、資金繰り表は試算表とも連動している。帳票間の整合性は金融機関等の外部の人間が目にする場合のチェック事項でもあるので、月末の現金残高が一致していることを確認しておきたい。また、予定と実績が乖離《かいり》した場合にはそのまま放置せず、差異の原因を分析して再び予測を繰り返すことで、資金繰り表の精度を高めていくことも行いたい。

掟その9　従業員との見えない壁を壊す

▼従業員との温度差が生じる

あなたと一従業員との間では、意識に相当な差があると感じることも多いはず。頑張りすぎて余裕がない日もあれば、時に他人批判の感情が芽生えることもある。一度湧いてしまった感情を押し殺すのもストレス、相手に改善を求めてもうまくはいかず、それもまたストレスである。

そんな従業員との温度差をどう解消していくべきか？　それは「感謝」と「本気さ」だ。

周りにいる従業員たちは、長らく父親に仕えてきた人物であり、何かしら会社の成長と発展に貢献してきたことだろう。その部分に感謝する、つまり、できないことを責めるのではなく、できていることに「感謝」するのである。

次に「本気さ」である。新参者のあなたがいくら正論を振りかざしてみても、相手は簡単には耳を貸さない。感度の低い従業員たちは、平穏無事な生活に波風を立ててほしくないわけである。口で言って駄目なのだから行動で示す他ない。本気さは行動の量に比例する。あなたの本気さが必ず従業員の琴線に触れると信じて、行動を続けるしかない。経験上、本気で行動する人間には、徐々に仲間が集まるように組織はできている。逆を言えば、本気でない人間には、なかなか協力者は現れない。

▼理解者の人数バランスに注意する

社内での立場を確保し、同時に従業員との結びつきも実感するようであれば、順調な滑り出しと言えそうだ。それでは、具体的に、組織力を高めるための次のステップへ進もう。

まず前提として、「従業員全員が、あなたの言う通りに動くということは決してない」

図表9　自立型組織実現のための土台作り

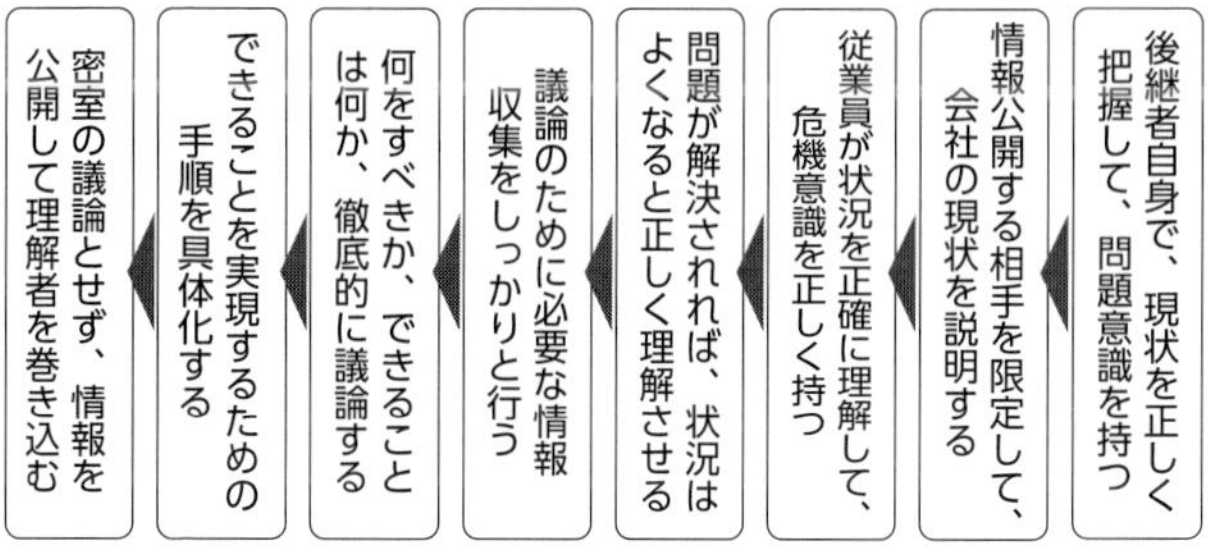
後継者自身で、現状を正しく把握して、問題意識を持つ
情報公開する相手を限定して、会社の現状を説明する
従業員が状況を正確に理解して、危機意識を正しく持つ
問題が解決されれば、状況はよくなると正しく理解させる
議論のために必要な情報収集をしっかりと行う
何をすべきか、できることは何か、徹底的に議論する
できることを実現するための手順を具体化する
密室の議論とせず、情報を公開して理解者を巻き込む

ということを理解しておこう。どんなに感謝し本気さを伝えても伝わらない人もいる。このステップになると、そのお悩み相談を受けるが、私は「新しい航海には新しいクルーを選ぶべきだ」と答えることにしている。ひねくれ者や偏屈な者というのは至るところに存在するし、あなたの誠意ある姿勢や不断の努力をもってしても、変われない者は変われない。ある程度のところで見切りをつける潔さも必要だろう。理解者の人数が全体の半分を超えるようなら、それは自立型組織実現のGOサインである。ただし、社内のキーマンはその半数に含まれていなければならない。

自立型組織実現の土台を作る

まずは、自立型組織実現のための土台作りだ（**図表9**）。従業員をあなたと同じ意識レベルに押し上げるため、あなたの把握している現状と、何も行動を起こさない場合の最悪シナリオについて話をする。いたずらに危機感を煽るのではなく、「その問題を解決すれば事態は必ず好転する」という安心感を持てることが重要だ。質の悪い危機感をまき散らすと、優秀な人の退職を助長しかねない。

正しい危機意識が生まれたら、有意義な議論と、結論を導き出すための情報収集を行う。内部の情報、外部の情報、議論の材料となる情報収集を行うところから、今後の改善活動の核になる人物を選んで巻き込んでいく。

大抵は、命令された仕事よりも、自分で見つけた仕事のほうに熱が入ることだろう。だからこそ、するべきことを考えるところから巻き込むほうがいい。集めた情報を吟味して、結論を正しく導き出すまで話がまとまらなければ、議論の切り口を変えてもよし、時に場所を変えて話すもよし、である。議論にかけた時間と彼らの「やらねば」という意識の醸成とは、ある程度は比例関係にあると私は考えている。

また、密室の議論とならないように、適宜、他の従業員たちに情報開示していく必要があるし、さらには限定された従業員以外にも積極的に話しかけて、多方面から意見収集する姿勢も見せておこう。

掟その10 事業承継計画の策定

▼この先のステップに進んでよいかどうかの判断

さて、次は事業承継計画の策定に取りかかろう。

これまでは、本当にあなたが社長の跡を継げるかどうかの検証期間であった。縛りのない部署で結果も出せない、社内の計数の意味もわからない、現場とのコミュニケーションもうまく進まない……そういう状態で事業承継の計画を立てたところで、それは絵に描いた餅以外の何物でもない。

息子の入社と同時に事業承継計画を作成し、複数の部署やポジションを一通り経験させて、数年後に社長に就任させたケースを見かけることがある。しかし残念ながら、到底中身が伴っていなかった。当の本人も、自分の努力や結果はともかく、「一定期間が過ぎたら、どうせ次の部署に行くのだろう」と、毎日をのらりくらりと過ごしてしまったようである。既定路線を作ってしまったことで、甘えが生じてしまった失敗事例である。こうならないように、この時点で機が熟したかどうかを判断するべきである。

◆事業承継計画策定をすべきかどうかのチェック項目

・任された仕事で、他の従業員から一目置かれる結果を出せたか
・仕事についての理解は十分か、自分でも汗水垂らしたか
・会社に関する数字の意味は理解できているか、自分で作成できるか
・現場との関係はうまく構築できたか、信用を得られたか、求心力として機能しそうか

▼これから先、五~十年間の人生プランを描く

これらの項目に自信を持ってチェックできるようであれば、事業承継計画の策定を始めよう。**図表10**は中小企業基盤整備機構のウェブサイトからダウンロードできるファイルを加工して作成したものである。主な記載項目としては、①事業計画、②株式に関すること、③現社長に関すること、④新社長に関することの四つである。それぞれの項目の記載ポイントを解説する。

図表10　大鉄鋳造の事業承継計画書（10年計画）

（単位：百万円）

		H17 -2年目	H18 -1年目	H19 0年目	H20 1年目	H21 2年目	H22 3年目	H23 4年目	H24 5年目	H25 6年目	H26 7年目	H27 8年目	H28 9年目	H29 10年目	H30 11年目
事業計画	売上高	1,520	1,250	1,410	1,350	1,550	1,600	1,300	1,400	1,500	1,600	1,700	1,800	1,800	1,800
	売上高総利益	130	105	109	110	125	130	140	153	174	189	206	218	218	218
	営業利益	−8	−12	−9	−3	5	24	45	56	70	90	98	106	8	110
	経常利益	−20	−24	−21	−15	−7	12	33	45	60	81	89	98	−1	104
	法人税	0	0	0	0	0	0	0	0	12	32	36	39	0	42
	当期利益	−20	−24	−21	−15	−7	12	33	45	48	49	54	59	−1	62
	フリーキャッシュフロー	0	−4	−1	5	13	32	53	70	68	74	79	84	24	87
	現預金	42	3	36	6	4	36	90	84	96	93	115	133	100	121
	返済額	35	35	35	35	35	0	0	56	56	56	56	56	56	56
	借入金	845	810	845	810	795	795	795	739	682	626	570	513	457	401
	総資産	870	811	824	774	752	764	798	787	779	771	768	771	655	720
	純資産	25	1	−21	−36	−43	−31	3	48	96	145	198	257	198	320
	従業員数 (契約、パート等含)	52人	51人	45人	42人	43人	45人	45人	45人	45人	45人	47人	49人	51人	52人
株式	現経営者＆妻	65%	65%	65%	65%	65%	65%	35%	33%	31%	29%	27%	20%	1%	1%
	後継者 （議決権比率）	0%	0%	0%	0%	0%	0%	30%	32%	34%	36%	38%	45%	64% (99%)	64% (99%)
	第三者 （議決権比率）	35%	35%	35%	35%	35%	35%	35%	35%	35%	35%	35%	35%	35% (0%)	35% (0%)
	定款変更等									▼優先株、議決制限株				▼黄金株取得	
	株式・財産の分配その他													▼役員退職金	
								▼暦年課税制度(贈与) ──→							
									相続時精算課税制度(贈与)				▼1回目	▼2回目	
現経営者	年齢	58歳	59歳	60歳	61歳	62歳	63歳	64歳	65歳	66歳	67歳	68歳	69歳	70歳	71歳
	役職	社長												会長	
	関係者の理解					▼銀行	▼取引先			▼5か年計画					
	その他									▼要員追加				▼新体制	
後継者	イベント	▼川崎鋳造入社			▼入社	▼後継者塾参加		▼取引先抜本見直し			▼中途採用・退職者入れ替え			▼役員刷新	
	年齢	27歳	28歳	29歳	30歳	31歳	32歳	33歳	34歳	35歳	36歳	37歳	38歳	39歳	40歳
	役職				営業課長		経営企画室長			取締役				社長	
	後継者教育取り組み：営業				▼既存回り		▼新規開拓								
	後継者教育取り組み：経理・銀行					▼基本事項				▼応用事項					
	後継者教育取り組み：現場														
	後継者教育取り組み：生産管理							▼現場改善プロジェクト							
	後継者教育取り組み：人事・組織									▼風土改革プロジェクト					
	後継者教育取り組み：法令・他														
	後継者教育取り組み：新事業計画											▼新規事業プロジェクト			

◆事業承継計画書の記載内容

①事業計画

既存事業の売上と利益をどう改善していくかをメインに書く。業績不振を脱することがさしあたっての目標であり、いたずらな右肩上がりの数字を設定する必要はない。稀に二倍、三倍と売上が伸びていく計画を見かけるが、根拠のない数字を作ったところで、計画と実績の乖離が大きくなると、事業承継計画書自体が意味のない、ただの紙切れになってしまう。

②株式に関すること

どのタイミングでどのように後継者に株式を集中させていくかを記載する。具体的には、(少なくとも) 三分の二以上の議決権が後継者に渡るまでの手法、段取りについての考えを整理しておく。ある程度時間がかかることを踏まえ、できるだけ早めの準備を心がける。

③現社長に関すること

健康状態や気力の状態を踏まえて、後継者に引き継がなければならない事項を、どのタイミングで実施するのかを記載する。併せてどのように一線を退いていくかを考える。

④新社長に関すること

あなたが社長に就任するまでに、何を、どのタイミングで経験しなければならないかを明確にする。ひとつの役職でひとつの結果が出るようなスケジューリングにしたい。何も結果を出さずに肩書だけがとんとん拍子に上がってしまっては、肝心な求心力がついてこない。

「やってやるぞ」という気持ちが強く前面に出る計画書を見かけることがある。無謀な計画を立てて台無しにしてしまうよりは、より現実的で実効性の高い計画を立てるほうがいい。この事業承継計画を策定した後は、より身が引き締まることだろう。

掟その11 問題の紐解きと改善策の具体化

▼問題の原因はどこにあるか？

盛んな議論の割に行動につながらない会社を見かける。原因は単純で、「議論の内容を紙に整理していない」、それだけである。これが習慣になっていない会社は、同じ会議を繰り返して時間を無駄に費やす。議論を行動につなげるためには、その内容を整理しながら文字と図に落とし込んでみるのがよい。

その方法はいくつかある。中でもシンプルな方法は「問題関連図」の作成である。**図表11**は、大鉄鋳造の社内に散らばる様々な問題点を、原因と結果の関係を意識して整理したものである。それぞれの問題点の上下のつながりは、必ず「上が結果・下が原因」となっている。

この関係が整理されると、業績悪化の真の問題を明らかにすることができる。これを「窮境要因」と呼ぶことにする。この窮境要因が除去できるかどうかは今後の重要な関心事で

図表11　問題関連図

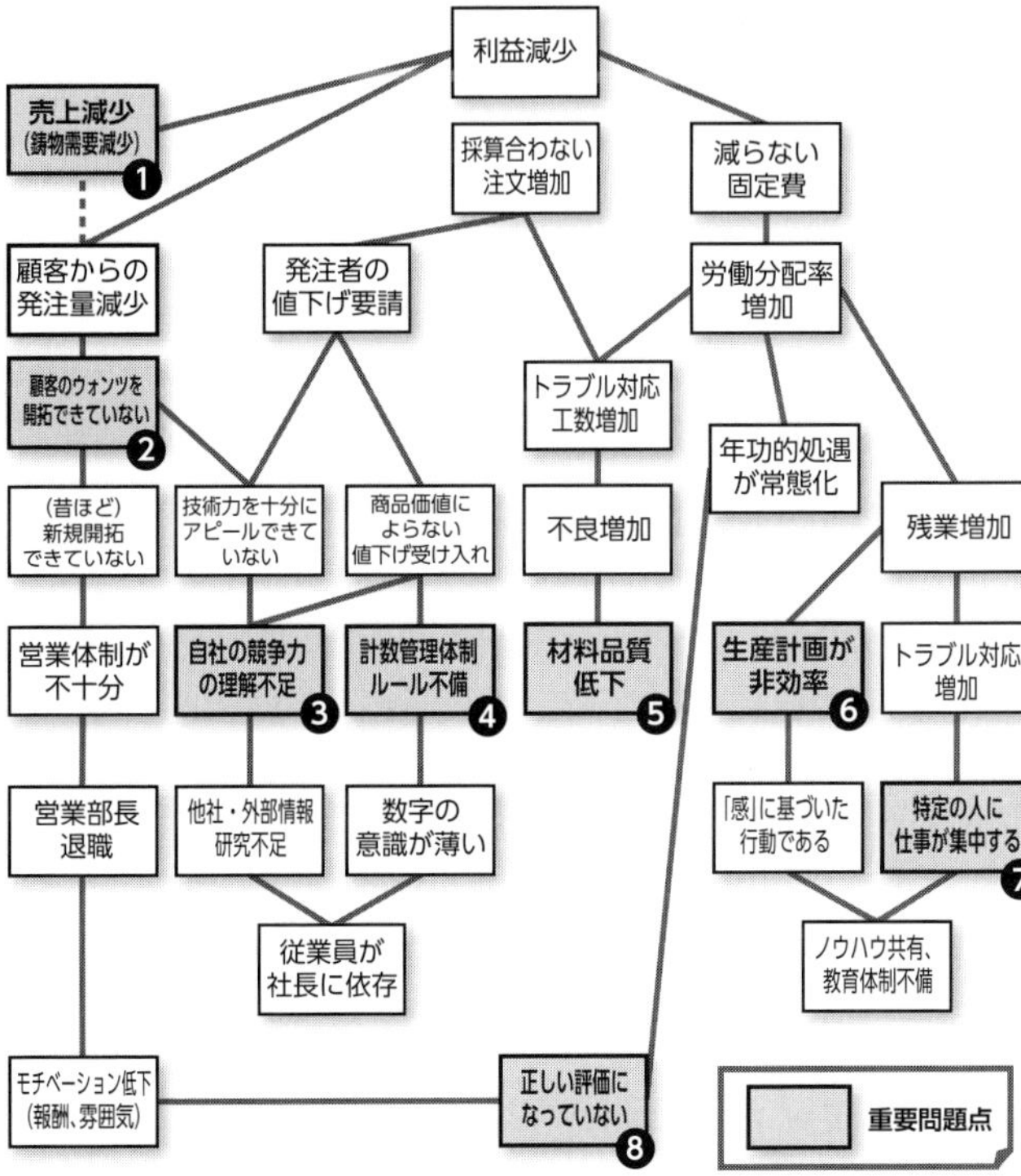

重要な問題点（窮境要因）		解決可能性	解決方法
1	売上減少（鋳物需要減少）	×	－
2	顧客のウォンツを開拓できていない	○	過去の社内事例調査、置き換え提案推進
3	自社の競争力の理解不足	○	顧客ヒアリング実施、顧客アンケート実施
4	計数管理体制ルール不備	○	製品ごとの利益算出ルール策定
5	材料品質低下	△	業者変更、業者への管理徹底要請
6	生産計画が非効率	○	生産計画、管理帳票の刷新、納期管理基準の見直し
7	特定の人に仕事が集中する	○	教育・情報共有意識向上策（評価、委員会等）の実施
8	正しい評価になっていない	○	賃金・評価制度の導入

ある。中には自社単独では解決できない内容が窮境要因となることもあるものの、それ以外の窮境要因をどれだけ取り除けるかによって、今後の業績改善の成否は大きく変わる。

▼確実に解決できるのか?

窮境要因が明確になった後は、その除去に向けた行動（実行施策）を決めていく。

ひとつ目のポイントは具体化である。なるべく曖昧《あいまい》な部分を残さずに、実行施策を細分化して具体化する。具体化によって、その行動の実現可能性をはっきりさせることができる。

ふたつ目のポイントは「ゼロベース思考」である。例えば、「徒歩一時間の通勤時間を短くするためのアイデアを出せ」と言われて、「走る」「近道を探す」「自転車やバイクで通勤する」という答えまでは一般的な回答であろう。「会社の近くに引っ越す」というアイデアなら少し面白いだろうか。ところがゼロベース思考とは「会社を家の近くに移転させる」というレベルに思考を広げようというものである。

自分の中に勝手に作ってしまったルールを取り除くことがゼロベース思考のポイントで

ある。これまでの慣習にとらわれている従業員にゼロベース思考をさせるには、現状の慣習から抜け出してもらう必要があり、そのためには、雑誌、業界紙、書籍、論文、インターネット等のあらゆる媒体、外部セミナー、同業者との情報交換等から、情報収集させることが欠かせない。そこから新たな気づきを得てもらい、あらゆる可能性を否定せずに、自社で採用できそうな実行施策を候補に挙げていくのである。その際のあなたの役目は、その場のファシリテーターとして議論を闊達《かったつ》にすることだ。つまり発言させ、考えさせ、議論させ、案を比較させ、決めさせることを何度も繰り返すことに時間をかけたい。

具体化するにしてもゼロベース思考でアイデアを出させるにしても、とても重要なことがある。それは「実行施策の実行自体に課題がある」ということだ。古株の存在、社長の考え方、既存取引先との関係、費用など様々なことが壁として立ちはだかる。従業員の努力ではどうにもならない壁も存在するだろう。その際は、あなたが責任を持って対処すると、従業員たちと約束するのである。「指示を出すのは自分、苦労するのは従業員」というようでは、これから立ちはだかる壁は決して破れない。

▼社長の理解を得る

実行施策にスケジュール・実行体制等を加えて、改善活動の計画として落とし込んでいく。仕上げは、社長である父親にこの内容を納得してもらうことである。

現在のあなたの力量では、すべての問題を抱え込み、自らの責任で対処することはまだ難しいだろう。いざというときには父親を頼る他ないのが実際のところだ。

であるならば、これからの計画について、しっかりと社長の承認を得ておきたい。計画の合理性、従業員が協力する姿勢を示していることだけでなく、あなたの本気さも併せて伝えるべきだ。

第3章

既存ビジネスの立て直し（実行編）

正道、33歳の秋。家庭を守り、仕事で攻める。

ピンチ、返済ができない

真っ白い砂、そこを素早く動く無色の蟹。顔を少し上げれば透き通ったターコイズブルーの海、その上には水上ヴィラ。白いスーツと白いドレスを身にまとった二人が、現地の人たちからのフラワーシャワーとともに祝福されている。ここはモルジブ、ダール環礁。

新郎は赤星正道、三十三歳。忙しい合間にもしっかりと愛を育んでいたようである。

「お前もやっと一人前だな」

式には両家の両親のみを招待した。これからきっと今まで以上に忙しくなると覚悟した正道と奈々子《ななこ》は、つかの間の夢心地気分をなるべく長く味わいたいと海外挙式を選んだ。

二人は浅瀬に置かれた椅子に腰掛け、どこまでも続く水平線を眺めていた。それでも予定の一週間はあっという間に過ぎ、帰りの飛行機の中、正道は窓から外を見続けていた。

「ねえ、どうしたの、正道君。帰りたくないの？」

「もう来れないいんじゃないかなって思ってさ。だから目に焼きつけておこうかなって。ごめんね、奈々子。僕が会社を継ぐような立場じゃなかったら、もっと海外旅行に行けるだろうに」

「いいじゃない。たまにしか行けないからいいのよ、海外って」

「そうだね。この先四、五年の間にはなんとか会社を立て直したい。そうしたらまたこうやって羽を伸ばしたいよね」

「やっぱり私も手伝おうか？　何かしらできることはあると思うよ」

「いや、それはいいんだ。父親とも話したんだけど、一族全員が同じ会社にいるって窮屈だよ、絶対。家に帰ったときくらいはリラックスしたいしね」

「あんまり無理しないでね。過労死なんて笑えないからね」

「わかってる、自分ひとりで頑張っても駄目なんだ。従業員全員が持てる力を発揮できるような仕組みを作っていくのがこれからの僕の仕事さ」

　窓から後ろをのぞくと、地平線の彼方に沈む夕日が眩しかった。遊び疲れたのだろうか、奈々子はこくりこくりと眠っている。正道も眠ろうとしたとき、忘れていたことがふと頭をよぎった。

　この半年の間に、既存顧客からの注文が予想以上に大きく落ち込んだことにより、資金繰りに窮してしまった。落ち込みの程度は、正道の新規開拓の努力でもカバーできないほどであり、大鉄鋳造始まって以来初めて、ついに銀行借入金の元本返済停止をメインバンクに依頼したのである。その際、正道は社長とともに何度もさいたま銀行の支店に呼び出され、状況の改善と今後の見通しについての説明を求められた。

「こんな状況が続くようでは私どもとしても困ります。なぜこんな状況になるまで放置していたのですか？　もっと早くに相談に来るなり、打つ手があったのでは？　社長としての責任は重いですよ。早急に改善を進めていただかなければなりませんね」

「支店長の佐伯《さえき》さんはいないのかね？」

「あいにく、佐伯は本日外出しております。この件は私、四谷《よつや》が一任されておりますから。繰り返しになりますが、赤字補塡のための融資はもうできません」

小さな部屋に閉じ込められ、正二の苛立ちが横にいる正道にも伝わってきた。これまでは大鉄鋳造の事務所を支店長自ら訪れ、借りてくれと頭を深々と下げてきた銀行が、社長に説教をするのである。それも目の前にいるのはまだ若い男だ。肩書は支店長代理とあった。

「とりあえず元本返済を停止することになりますが、三か月以内に経営改善計画書を作成してください。いつからどれくらいの返済ができるのかを明確にしていただきたい」

支店からの帰り道、なんとも言えぬ不安が正道を襲い、これまでにはないプレッシャーを感じていた。目の前にある、やらなければならない様々な課題の対応に、初めて外部の人間から期限を設けられたからだ。

銀行との会話自体が初めてだった正道を、会話の中で飛び交った難しい言葉が不安にさせた。その後すぐに黒谷に相談し、経営改善計画書の作成について支援を受けた。

「社長、さいたま銀行への説明は、僕がしていいかな」

「あんな無礼な若造に、俺から話すことはない」

二人は再び支店を訪れ、そして同じ小部屋に通された。ほどなく四谷が入室すると、挨拶もそこそこに経営改善計画書の説明を求められた。数字が記載された資料の説明になると、四谷の目つきは鋭くなり、資料をめくる手を止めて電卓を素早く叩いた。正道はその雰囲気になかなか慣れないでいた。資料を閉じ、四谷がまず正道をじっと見つめた。

「正道さんが、この計画の実質の責任者ということですね。では、今後については佐伯と検討いたします。社長、最後に質問です」

四谷は居ずまいを正して正二に顔を向けた。

「現時点での最終的な責任者は社長です。息子さん任せにせず、必要なバックアップを行い、場合によってはこれまで通りのリーダーシップを発揮していただけますね？」

「もちろん、そのつもりだ」

「わかりました。ご足労いただきましてありがとうございました」

四谷は席を立って、軽く一礼した。

返済停止の期限は一年半。正道の心境は、新たな決意二割、不安八割。やるしかないと自らを繰り返し鼓舞した。そうする以外に、このプレッシャーをはねのけることはできなかった。

改善プロジェクト始動

「（みんな、どんな反応をするだろう。この内容を受け入れてくれるだろうか？）」

経営改善計画には、数値計画とともに「新しい発想と工夫で問題解決にチャレンジする」というスローガンを掲げた。重要な実行施策は、「原価管理の精度・運用レベルの向上（タスク1）」「製造原価率の低減（タスク2）」「実績を応用した提案活動の強化（タスク3）」「顧客ポートフォリオの見直し（タスク4）」の四つを決めた。

これらに取りかかることの必要性と有用性について、正二と五十嵐には十分に説明した。青島とは毎日遅くまで議論を戦わせた。他の管理職はしばらく拒絶反応を示していたが、正道の本気さに負けたのか、緑岡と茶川については首を縦に振るまでになっていた。ところが、三浦だけは依然として非協力的な姿勢を続けていた。

「彼は、日常の仕事についてはそつなくこなすのだけどね……」

青島も正道同様に頭を抱えていた。三浦の扱いには常に頭を悩まされているようだ。一筋縄ではいかない性格。現場の作業については社内でも三本の指に入るほどの技術の持主である。溶解から造型、鋳込、後処理、仕上げと、製造工程を新人に教えるのは決まって彼の役目である。社内の若手は三浦に技術を仕込まれているので、彼を兄貴分と慕う人間は少なくない。

「あいつを無理に従わせようとするなよ」

正二からのアドバイスである。プロジェクトにアサインすべきメンバーは、仕事の熟練者かどうかよりも、改善に対する意識のほうが重要だとのことであった。加えて、「適材適所を見極めなければ、組織を掌握する責任者は務まらん」という。その鋭い指摘は正道の未熟さに刺さった。

社長と五十嵐専務、それに正道と青島部長、茶川部長、そこに黒谷も加わって、改善プロジェクトの実行体制を確認した。総責任者は社長、プロジェクトの実行責任者に正道。タスクのリーダーはそれぞれ、青島（タスク1）、茶川（タスク2）、緑岡（タスク3）、正道（タスク4）ということになった。実行チームとして適任者と思われるメンバーを各タスクに2、3人ずつアサインした。

＜改善プロジェクトの実行体制＞

・総責任者　…社長
・プロジェクト実行責任者　…正道
・タスク1「原価管理の精度・運用レベルの向上」リーダー　…青島
・タスク2「製造原価率の低減」リーダー　…茶川
・タスク3「実績を応用した提案活動の強化」リーダー　…緑岡
・タスク4「顧客ポートフォリオの見直し」リーダー　…正道

プロジェクト活動があるからといって通常業務をおろそかにしてよいはずもなく、アサインされた者、そうでない者双方に、相当な負荷がかかることが予想された。だから、プロジェクト開始の周知にあたっては、アサインされたことが特別なことでもなんでもなく、全員が重要な役割を担っているのだということを伝える必要があった。

プロジェクトの体制には、現場の責任者である五十嵐をアサインする必要があると正道は考えていたが、「そういうのはもう無理だ」と断られてしまった。正二からの「それはそうだろう」との意見もあり、五十嵐は意見やアドバイスを求めるオブザーバーとしての立場にとどめることにした。

また、正道がこれまでの従業員とのコミュニケーションから学んだことのひとつに、「秘密主義では従業員を巻き込んだ計画はうまくいかない」ということがある。ある日突然、従業員を集めて計画を発表しても、「私は聞いてない」という珍回答が返ってくることが多かった。「今まさに説明しています」ということでは、どうやら納得がいかないらしい。

大掛かりなプロジェクトほど、計画段階からほどよく情報を公開しながら進めたほうが、従業員との余計な揉め事を回避できるということを、川崎鋳造の中でたびたび経験していた。

正道は計画立案時、タスクのリーダーたちに、今どういう状況であるかを自分の部下に説明するよう頼んでいた。自分でも日々従業員たちに積極的に声をかけ、必要な情報を公開した。

「そろそろ準備は整ったかな」

十一月の下旬。吐く息が白くなり出した頃である。社長の号令で、従業員全員が工場の中に集められた。社長の横に正道、その両脇に、五十嵐とタスクリーダーが並ぶ。彼らと向かい合うようにして他の従業員が並んだ。

「みんな、おはよう。今日集まってもらったのは他でもない」

正二は手もみをしながら従業員全員を見渡した。そしてゆっくりと話し始めた。鋳物の業界動向のこと、大鉄鋳造の抱える問題点、改善すべき内容、そして社長自身反省すべき点が多々あったこと、今後の改善は従業員全員で力を合わせて行ってほしいこと。

「みんなで育ててきた会社をこのままなくすわけにはいかんのだよ」

全員が神妙に正二の話に聞き入っていた。正道には従業員全員の顔が見えていた。半分以上は驚きの様子である。カリスマ社長が自分の非を認めている。これまでとは何かが違うと思わないほうがおかしかった。

「いよいよ始まったか」、そんな雰囲気が全体を占めていた。▼掟その12

初めてのリーダー

ところが……。一週間も経たないうちに、もどかしさと歯がゆさが正道の中に芽生えていた。

各タスクに共通する初めの作業内容は、タスクリーダーとメンバーとで施策の実行手順を再確認し、詳細なスケジュールへ落とし込むことであった。その内容をもとにプロジェクト全体の詳細のスケジューリングを行い、進捗を管理するつもりでいた。しかしながら、なかなかタスクリーダーから報告が上がってこない。メンバーたちに直接状況を確認しても曖昧な返事ばかりだった。数日待っても答えが変わらなかったことで、思わず感情をぶつけてしまった。

「一年半の期限つきなんだ。しっかりやらないとあっという間に時間が過ぎちゃうよ。プロジェクトに選ばれたのだから責任を持って取り組まないと駄目だよ」

それを工場内で見ていた青島から、正道は終業後に呼ばれた。

「正道君。焦る気持ちはわかるけど、通常業務もあるからね。みんな兼任でプロジェクトにアサインされているから……。それにメンバーは正道君が人選したんだ。もう少し任せてみてはどう？　私も明後日になったら一区切りつくし、プロジェクトのほうにもっと時間が割けると思う」

「うん、わかってるんだ、青島さん。メンバーに決してやる気がないわけじゃないし、彼らの責任感や使命感の強さもちゃんと理解してるはずなんだ。ただ、初めての責任ある大きなプロジェクトで、どうしても焦っちゃってね……」


「いよいよここまで来ましたね」

「ええ、おかげさまで……。でも、ものすごく心配です」

川崎鋳造時代は小さな組織のリーダー的ポジションで経験を積んだ。大鉄鋳造に入社してからは、営業部としてひとつの成果を出し、その後も現場を巻き込みながら改善プロジェクトスタートまで漕ぎつけた。ところが、五十人規模の組織のリーダーを担うには、これまでのどの経験も役には立たないのではという不安を、正道は口にした。

「なるほど。自分が目指すリーダーシップ像がイメージできていない、ということでしょうね」

「リーダーシップ像、ですか？」

「ええ。ひょっとして、いつの間にか頭の中で、お父様のようなリーダーを目指そうとしているのではないでしょうか？　そうだとしたら、一生その悩みは消えないですよ。正道さんに求められるリーダーシップ像は、お父様と違って当然です。例えば……」

黒谷の、リーダーシップについての説明に正道は聞き入った。

「……確かに父とは違う要素ですね。わかりました、納得です。黒谷さんの話を聞いていてつくづく思うのですが、わかるって大事なことですよね。僕みたいな心配性は、心配事が頭から消えないと眠れなくなってしまうんですよ。だから、いかに心配事を解消できるかということが、明日を頑張るためにも非常に重要なんですよ」

「もうひとつ重要なことがありますよ。実はリーダーというものは〝演じる〟ものなのです」

「〝演じる〟、ですか？」

慌てる正道と冷静な黒谷。落ち着いたトーンで黒谷が続けた。

「そうです。もともとコミュニケーション下手な上に、立場が上になった途端に変なプライドが生まれるのでしょうね。あるいは肩書がそうさせるのかもしれません。上意下達の指示をどんどん出して、従業員たちとギスギスした関係を作ってしまう方が少なくありません」

「なんだか、すごくわかる気がします」

「いかに気持ちよく相手に動いてもらうか、これを強く意識してください」

そこまで話したところで、黒谷は一枚の紙を机の上に出した。

「そこで、いろいろなタイプの自分を演じることが必要になります。なぜなら、人が動き出すきっかけは様々だからです。褒めれば動くタイプもいれば、納得するまで説明することがきっかけになる人もいる。叱られて動き出す人もいる。必要なことは、相手を見て、自分の振る舞い方を変えながら接することです」▼掟その13
「厳しい父親の心、優しい母親の心、へぇ、いくつかタイプがあるんですね。〝二代目社長は役者であれ〟、そういうことですか」

「そうです。演じているという気持ちがあるだけで、結構、気が楽になりますよ。明日からでも試してください。初めは少し恥ずかしいかもしれないけど、すぐ慣れるから大丈夫です」

「何事もチャレンジですね。やってみますよ」

「はい。頑張ってください。それはそうと、これから先のステップを、話しておきましょうか」

黒谷はそう言って、正道に数枚の紙を手渡した。事業承継実践塾の資料で、表紙には「既存ビジネスの立て直し（実行編）」と書かれている。

＜既存ビジネスの立て直し（実行編）＞

・掟12　会社の立て直しに着手する
・掟13　リーダーを演じる
・掟14　従業員の行動をマネジメントする
・掟15　抵抗者と向き合う
・掟16　変化のスピードを緩めない

徐々に動き出すタスク

◆タスク1「原価管理の精度・運用レベルの向上」

これまで大鉄鋳造では、見積もりの段階で材料になる鉄の重さと外注工程を記載し、これを受注額から引いて粗利として計算していた。しかし、鉄以外にも砂、電気代、それに労務費などの他の製造コストもあり、本来はこれらも考慮して受注するかどうかの判断をすべきと考えた。プロジェクトでは、注文内容ごとの費用構造を、作業時間の測定やコスト按分ルールの策定によって「見える化」することにした。

◆タスク2「製造原価率の低減」

費用構造が正しく「見える化」できると、製造面での問題点が浮き彫りとなる。事前に行った調査では完全な赤字受注も存在し、同じ製品にもかかわらず労務費のばらつきがあるものも発見された。これまでは社長による、下請け先への多少強引な値下げ要求によって対応していた。今回のプロジェクトでは、課題を自ら発見し、自ら実行できる改善策を考える。最終的にどうしても粗利をプラスにできない注文については、取引を停止することも決断である。

◆タスク3「実績を応用した提案活動の強化」

タスク2による取引停止は粗利の減少を伴う。利益を維持するためには人件費削減の決断がセットになるため、単純な事業縮小は避けたい。そこで目をつけたのが、大鉄鋳造の強みである「技術力」と「顧客対応力」だ。正道がこれまでの受注内容や取引履歴を整理しているとき、あることに気づいた。それは、顧客の中に、「鋼材から鋳物へ」「溶接構造物から鋳物へ」の置き換えニーズから取引が始まった例が少なくないことであった。そこで、置き換えニーズが期待できそうな既存顧客をピックアップし、さらには新規顧客のリストを作成しながら、必要なアプローチを行っていくこととした。待ちの営業から攻めの営業への転換である。

◆タスク4「顧客ポートフォリオの見直し」

タスク1～3の結果は、顧客との付き合い方を適性化する材料となる。自社にとって大きな利益をもたらす顧客とそうでない顧客とでは、時間やコストのかけ方には差があってしかるべきであると、プロジェクトでは考えた。利益や売上等の必要な軸を設定して顧客を分類し、その分類ごとに最適な対応方法を考え、適用することにした。

プロジェクトのスタートから三か月が過ぎ、ようやく自分を演じることにも慣れてきた。同時にメンバーたちの動きも徐々によくなった気がする。一年半の期限つきのプロジェクトの中で、会社が変わることはもちろん、自分もひとつずつ成長していかなければならない。

それぞれのタスクが動き出したことにより、工場や会議室の中で、メンバー同士の議論が活発に行われるようになっていた。可能な限り正道は顔を出すことにしていたが、正道自身、顧客開拓の通常業務に追われていたため、なかなかすべての会議に参加というわけにはいかなかった。すれ違いざまにメンバーに状況を尋ねても、「順調です」「まあまあ進んでいます」という回答を聞くことはできたが、それでは長期的な管理に問題があるように思えた。

そこで、プロジェクトの進捗管理を確実なものとするために、具体的になった実行計画の内容を、ＷＢＳ（Work Breakdown Structure：作業分解図）の形に落とし込むことにした。これによって何がいつまでに実行されるのかを「見える化」し、進捗が遅れていれば各タスクのリーダーがそれをキャッチアップすることができるようになる。

週に一度、プロジェクトメンバー全員が集まり、情報共有と進捗確認を行うことにした。その際、正道は当事者意識を徹底させることが重要だと考えていた。

気になるところを指摘し、タスクリーダーとメンバーがその内容を議論しながら修正案

を出す。そして自ら計画書にその修正を加える。また、議論や報告の内容は意識して数字を使って行った。▼掟その14

初めは戸惑っていたメンバーたちも、徐々にできあがった規則的な流れを自然と受け入れたようである。ただし、すべてが容易に進むわけでもなく、メンバーたちだけではなかなか解決できない問題も生じる。こんなとき、「どうすればできるか考えろ」という指示によって問題が解決されることのほうが少ない。今は時間という制約がある。このプロジェクトでは、必要であれば正道や正二が問題解決を率先して行う体制で臨むことを明示し、そして実践した。

モンスターあらわる

「緑岡さぁ、もうちょっと現場入れないの？　こっちも残業増えまくって大変なんだけど。タバコ吸う暇もないんだぜ」

工場内に設置してある事務スペースに座りっぱなしの緑岡に、三浦が詰め寄った。

「なんだよいきなり。まるで僕が遊んでるみたいな言い草だな」

「パソコンいじってばっかりじゃ、仕事なんか進まねーだろ」

「だから、新規顧客のための提案書だって説明したじゃないか。何度言ったらわかるんだ」

勤続年数は三浦のほうが長いのだが、同年齢の二人は双方がライバル意識を持っており、ちょっとした言い合いがすぐにヒートアップする。その声を聞いた正道が間に入った。

「三浦さん。そんな言い方はしないでください。緑岡さんは決して遊んでるわけじゃないから」

「室長はすぐそうやってプロジェクトメンバーの肩を持つじゃないっすか？　現場を必死で回してるこっちの身にもなってくれよ！」

「みんな同じように大変なんですよ。三浦さんが楽だなんて誰も思ってないですよ」

「じゃあ、大変になった分だけ、給与上げてくれるんですか？　下からそんな質問されるもんで、困ってるんだけど」

タスクが進捗するとともに、変化を余儀なくされる現場の負担が増していった。三浦だけでなく、彼に同調する後輩たちからも、プロジェクトに対する批判の声が上がり出した。

「そんなの無理だ。できるわけない」

「前例がない。聞いたことがないから、やらないほうがいい」

「面倒なのはごめんだ、どうせうまくいかないよ」

「給料変わらないのなら、そんな苦労はしたくない」

「それ、オレには関係ないから、そっちでやれば」


正道は苦戦していた。


「そういう状況なのですね。大丈夫です、モンスター退治の方法はいろいろあります」

「黒谷さん。今までにないくらい困ってます」

「とっておきの手でいきましょうか？」

「とっておきの手？　人事制度の構築とか、それともリストラとかですか⁉」

「いえ違います。平たく言えば飲み会です。ただし、とっておきの手ですから、例えば正道さん宅で奥様の手料理を振る舞うようなレベルです。他は、例えば花見とかバーベキューとか」

「僕、正直飲み会はあんまり好きじゃないんですよ。大勢で盛り上がるの、苦手ですし。端っこのほうに数人で固まっちゃうタイプですよ。しかも、もてなす側なんて、できるかな……」

「以前、従業員を飲みに誘うことすらほとんどない、そうおっしゃってましたよね。だからこそ効き目が大きいと思いますよ。ただ、従業員の方は正道さんよりも年上の方が多いですから、年下のお二人におもてなしされるというのも、少しぎこちない感じもしますね……それならば、社長宅で数人ずつ集めて開催するという方法ならどうですか？　不平不満が大きくなりすぎないうちに手を打たないと効き目は期待できませんよ」

それは早速、行動に移された。行動せずにズルズル心配を引きずるより、やって駄目だとわかれば次を考えられる。正道の性格にも、少しずつ変化がみられた。▼掟その15

若手の従業員を中心に五人ずつが社長宅に招待され、裕美と奈々子の手料理が振る舞われた。従業員と奈々子が顔を合わせるのは初めてで、「頑張ってくださいね」とビールを注ぎ、いつの間にか従業員たちと打ち解けて食事をともにしていた。

「ほら、もっと飲めるでしょ」

裕美がビールを注ごうとすると、「できれば若奥様のほうから」と冗談を飛ばす。それに「あんた、そんなこと言うとボーナス減らすわよ」と裕美が笑って返す。初めはぎこちなかった場も、次第に笑いが絶えない空間となっていた。

回数を重ねるにつれ、「まだオレ、呼ばれてないんだけど」、そういう声が工場内で聞かれるようになっていた。同時に、今までほとんど自分のことを語ることのなかった正道の、家庭内での顔が知れることとなった。仕事熱心で真面目な二代目。話はするけどなんだか少しとっつきにくい感じがした後継者に、従業員たちが親近感を覚えたようであった。

一方の正道は、そんな注目をされているとは露知らず、モンスターたちの対応に追われていた。できない理由を紐解き、ひとつずつその解決に積極的にあたる。自ら問題解決にあたるその姿勢に、従業員たちの中で、リーダーとしての正道の存在感が少しずつではあるが確実に大きくなっていた。同時に不平・不満・批判の声も少なくなっていた。

改善のスピードを緩めない

「正道さん、相談よろしいですか？　六坂鋳材《むさかちゅうざい》のことなのですが……」

神妙な面持ちの茶川が、手にしていた資料を正道に見せた。

タスク2のリーダーである茶川は、ある問題の解決に手こずっていた。大鉄鋳造の取引先のひとつに、六坂鋳材という、二十年来の材料の仕入先がある。茶川の手にしていた資料には、細かな数字が羅列されており、仕入先の欄には六坂鋳材の文字が並んでいた。「これなんです」と茶川は少し口ごもったが、その資料はそれ以上の説明を不要とした。

「やっぱりそうか。六坂さんとこの材料を使うと、再処理や手直しやらで、作業工数が予定以上にかかっているってことですよね。これだけの注文が赤字になっちゃっているんだ……。単純に計算すると、赤字の三分の一はこれが原因ということになりますね」

「そうですね、そういうことになります」

ベテランの茶川にも、事の重大さがわかった。昔から、六坂鋳材から仕入れる材料は質が揃わないことがよくあったとは正二から聞いていた。

理由は、「仕入れの量と納期を優先し、材料屋としての最低限の材質管理しか行えない」ということである。そうした実態を知っていても、仕入れの半分近くを六坂鋳材に頼らざるをえない、それが大鉄鋳造の現実だった。

「そういうものだよ、鋳物の材料ってやつは」

正二をはじめ五十嵐や古株たちも、それが当たり前という感覚でいる。ところが、今回のプロジェクトで影響の大きさが数字で明らかになると、正道としては〝当たり前〟で済ますわけにはいかなかった。

すぐさまデータを揃え、正道は茶川とともに六坂鋳材を訪れて、改善を求めた。

「大鉄さんとは長い付き合いだし、優先的にいいものを出してるんだ」

社長である六坂浩平《こうへい》の、終始「文句を言うな」といわんばかりの表情には釈然としなかった。

「六坂さんのところとは、長いお付き合いですので、こうしてお願いにあがっているわけです。私も後継者として会社の立て直しに必死なんです。そこをご理解いただければ嬉しいのですが」

「大鉄さんとこの息子さんが一生懸命なのはよーくわかりました。よーくね」

依然としてぶすっとした六坂浩平の表情に、正道は苛立ちのあまり、こう口にした。

「これはあくまでビジネスですので、改善がなされないようであれば、我々としても次の対応を考えざるをえません」

「おやおや、これまた手厳しいご発言ですな。まあ、できる限りの協力はさせてもらいますよ」

その後、大鉄鋳造が求める場合、六坂鋳材は材質や材料の成分などの検査証明となる「ミルシート」の提出を行うということで話がまとまり、一応の解決となった。

ある日、正道は五十嵐に呼び止められ、二人は会議室にいた。

「まーくんを中心に、だいぶまとまってきたね」

正道が小さい頃に、「工場のおじさん」となついていたのが五十嵐である。ずいぶんと長い間、お年玉をもらった。五十嵐も正道のことを「まーくん」と呼んで可愛がっていた。今でも、二人きりになると、五十嵐は正道のことをまーくんと呼ぶことがある。

「それは、社長や五十嵐さんがバックにいてくれるからです」

「いやいや、わしなんてなんにもしてないよ」

実際、五十嵐は改善プロジェクトにはほとんど口を出さず、ただ工場の中で状況を見守っているのであった。もともとプロジェクトの計画立案に積極的に関与したわけでもなく、出来上がった内容にはどちらかといえば首をかしげていた。

「社長がこの会社を創ったとき、二人で七十歳になるまでは頑張ろうって話してたんだ。社長はあと五年、わしはあと四年。後先考えずにがむしゃらに働いてきたのがたたって、もう新しいことをする気力も体力も足りんのよ。だから、あとは若い世代に任せるしかない、そう思ってる。ただね、老婆心ながら言っておきたいことがあるんだ」

「顧客の見直しとそれに、外注・仕入先の変更ですか？　それとも人事評価の件ですか？」

「ああ、六坂んとこの話は聞いたよ。まーくんの考えもわかるんだが、少し合理的すぎやせんか？　川口は鋳物の街。そこには鋳物だけでなく関係する業者も近隣に多くいる。そういったところとの取引をなくすということは、彼らがやっていけなくなるってことだ。それじゃこの街は衰退して、いつかは自分に跳ね返ってくる。この街全体が存続しなきゃ駄目なんだ」

正道は黙ったまま小さく何度かうなずいた。

「あとは人だな。まーくんの言うことを聞かないやつもまだまだおるだろ。ただな、大事にしてやってほしい。悪いやつらじゃない。みんなこの会社のために尽くしてきた人間だということを忘れないでくれ。まあ……よろしく頼むよ」

それを伝えたいがために、今日は遅くまで残っていたのだろうか。事務所を出ていく五十嵐の背中は少し寂しげな感じがした。

昔から人情の人だった。厳しい正二の横にいて、従業員たちを励まし、かばい、そして見守ってきた。五十嵐がいなければ従業員の定着率はもっと悪かったかもしれない。ノウハウが社内に溜まらず、安定した成長につながらなかっただろう。

ただ、この十年を振り返ってみれば売上は停滞し、直近五年に限れば赤字に陥り、なんら有効な対策を打てずにいた。経営陣としての責任がないわけではない。それは正二も同様なのだが。

プロジェクト開始から既に一年が経とうとしていた。前半は遅れがちだったタスクの進捗も、後半になってスピードを上げ、当初の計画通りの進み具合となった。原価管理の精度アップによって導き出された改善策の実行は苦難の連続だった。着眼点はよくても結果の出ない改善策もあり、特にタスク2のリーダーである茶川はずいぶんと悩んだ。

茶川は大鉄鋳造の中でもかなりの古株で、こつこつと真面目に仕事をするタイプだ。現場で足に怪我をしてからは製造のリーダー的立場を三浦に譲り、自身は検査担当に移った。

正道が検査の仕事を教わっているとき、正二から聞いていた内容と異なる点がいくつもあった。詳しく聞いてみると、茶川なりの工夫が随所に施されているのである。この改善の視点をもう一度製造現場に向けてもらいたいと、タスクのリーダーに抜擢したことが正解だったようだ。

正解の理由はもうひとつある。現場改善にとって三浦の存在はある意味で大きい。自分より後から入ってきた人間の言うことは聞かないが、技術力もあり先輩である茶川の言うことにはあまり反対しない。利益の観点から改善が必要な製品に限って、茶川のアイデアることがわかり、新たな手順や工夫を、各工程に組み込んでいった。これが良好な結果につながることがわかり、新たな手順や工夫を、各工程に組み込んでいった。

タスク3「実績を応用した提案活動の強化」リーダーの緑岡は、顧客への鋳物置き換え提案に、これまでの職人としての仕事とは違ったやりがいを見出したようで、自腹で書籍を買い込み、論文を集めて夜遅くまで研究にいそしんだ。十年分の受注内容を分析し、顧客側の置き換えニーズから注文が発生した製品について、独自の提案書や設計プロセスをまとめ、ようやく既存顧客へ提案することができるまでになった。

小さな成功の連続が、よりプロジェクト活動の正当性を高めることになり、当初は暗中模索であった従業員も、流れを作った者、流れに乗れた者、そうでない者に明確に分かれた。そうでない者たちに対して、正道は個別に直接指導しないわけではなかったが、どうしても年上の人に注意することについては馴染めないでいた。

そんなときは全体朝礼や会議の場で、「まだできていない人がいる。今からでも遅くない、今と違う考え方を受け入れることから始めましょう」と、全員に向けて繰り返し話すことで、遠回しに伝える方法をとった。その際は必ず、既に流れに乗れた者に同意を求め、場の雰囲気を盛り上げることも忘れなかった。

残りのタスクを計画通り進めるべく、正道は常に「いいですね」「ありがとう」「もっとよくなるといいね」という言葉で、さらなる活動を促していった。

▼掟その16

それでも現実問題として、「全員一丸となって」と言うまでにはいかなかった。結果的に今まで以上に重労働を強いられたことに反発して、社長に給与アップを直訴した者も出たし、何かにつけて陰で正道を批判する者もいた。狭い工場の中でその声が本人に届かないわけがなかったし、もともと打たれ強い性格でもない正道は、たびたび不眠症に悩んだ。

「実にもどかしい。俺ならガツンとやってしまうんだが……。でも、ここで俺が口を出してしまったら、正道のためにならん。そうなのでしょう、黒谷さん？」

正二はこの頃、はたから見てもやきもきしているのがわかった。何か言いたげになると、事務所や工場を行ったり来たりしながらも、口をつぐんでじっとこらえていた。

「じっとこらえて、社長が正道さんの行動を承認し続けることが大切です」

社長が正道の行動を逐次承認し、プロジェクト活動の正当性を伝える。そうすることで、後継者とそれに抵抗するモンスターの衝突を最小限に抑えることができるのだと、黒谷は言った。

三月。決算を迎え、帳簿の締め作業を終えた事務の白倉が、正道に駆け寄った。

「やりましたね、赤星室長っ。今期は黒字です！」

掟その12 会社の立て直しに着手する

▼スタートを「儀式化」させる

「オオカミ少年」の童話をご存知と思う。「人は嘘をつき続けると、たまに真実を言っても信じてもらえなくなる」という教訓をそこから得たことだろう。これは経営にも当てはまる。社長が「改革するぞ」「今度こそやるぞ！」と勢いでプロジェクトをスタートさせたはいいが、その後しばらくして立ち消えになると、次第に社長の言葉に重みがなくなってしまう。

業績が悪化した状態の下では資金という制約があり、限られた時間内に結果を出さなければならない。つまり、やり直しはきかないのだ。一度で確実に、プロジェクトをしっかりと流れに乗せるためには、まず、スタート（キックオフ）が〝聖なる儀式〟であることが条件となる（**図表12**）。

図表12　プロジェクトスタートを儀式化する方法

これまで	こう変える	今後
全員が集まったことがない	>>>>>	全員を集めて話す
いつも口頭で指示される	>>>>>	計画書を作って配布する
過去を反省せずに新たにスタートしてしまう	>>>>>	過去を反省してからスタートする
社長だけが話す	>>>>>	主要関係者にも話をさせる
担当者や責任が不明確である	>>>>>	体制図や担当表を作成して配布する
説明だけで終わる	>>>>>	説明の後、少し大げさなくらいのキックオフパーティーを催す

人はいくつになっても、仲間はずれにされるとすねる

誰しも仕事に対するプライドがあり、古株になればなるほどこの傾向は強くなる。情報が自分に入ってこないことを嫌い、特にそれが自分に関わることであれば、肝心なときになって、「俺はそんな話聞いていない」「なぜ俺に相談しないのだ」と文句を言う。ヘタをすれば心理的抵抗から「モンスター（＝変革抵抗者）」に変身してしまうかもしれない。これを避けるには、密室の議論を避け、情報は適度に開示してしまうのがいい。開示方法には二通りある。

ひとつは、大枠の方向性や方針に関する情報について、後継者自ら情報を少しずつ公開する。もうひとつは、プロジェクトの計画段階において、現場の意見を反映させる必要がある内容については、タスクごとのリーダーが、内容を説明しながら意見を募る形で公開する。

ふたつの違いは、修正していい内容か、そうでないかの違いである。従業員の意見を事細かに方針や方向性に反映させることはしない。あくまで、責任者であるあなたが、大局的かつ全体的な視点を踏まえて意志決定すべきである。一方、改善を進めるための実行施策については、現場の意見をきちんと収集して精査していくことが欠かせない。より具体的に、より実行可能性の高い内容に修正していくことが、計画策定には重要だからだ。

掟その13 リーダーを〝演じる〟

▼理想のリーダー像はひとつではない

各方面で成功を収めた人（Aさんとする）がメディアで取り沙汰されると、リーダーシップに関しても、「Aに学ぶリーダーシップ」と題したセミナーが開かれ、同様の書名の著作が書店で平積みされる。いわば、リーダーシップにも商業的なブームが存在する。それは、必ずしも一様なリーダーシップが常に求められるのではなく、状況に応じて様々なリーダーシップのタイプが求められるということに尽きるのではないかと思う。

ここではリーダーシップの定義を「組織のパフォーマンスを最大限に上げ、目的達成できるように導くことのできる能力」であるとする（様々な見解があることは承知の上で、話を進めさせていただく）。

これを実現するには、従業員の気持ちと心がバラバラでは話にならず、少なくとも従業員全員のベクトルをひとつに揃えなければならない。すなわち求心力である。求心力は仕事の成果やコミュニケーションを通じてしか獲得できないことは、既に述べた通りである。ここではリーダーシップという観点から従業員とのコミュニケーションについて深く考えてみたい。

▼エゴグラムとSL理論

リーダーとして、従業員とのコミュニケーションはどうあるべきか？　それは、相手が共感しやすい接し方を使い分けることである。それを可能にするふたつの理論「エゴグラム」と「SL理論」を紹介したい。

◆エゴグラム

エゴグラムは自我を数値的に表す分析手法で、五つの要素から構成される。五つの要素とは、厳しい父親の心（CP）、優しい母親の心（NP）、冷静な大人の心（A）、自由な子どもの心（FC）、従順な子どもの心（AC）である。これらを、いくつかの質問に答えることで点数化・図式化して、自分の心の構造を診断する（**図表13**）。

診断の結果、どの要素にも、ゼロ点も満点も存在しないことに気づくだろう。これは、様々なタイプの自我が存在するということに他ならない。となれば、自分がどのタイプだと決めつける必要はなく、状況次第では様々な自分を表に出す（演じる）ことができるということなのだ。**図表13**に示す診断結果では、NPとFCが相対的に低めである。

おそらくこの部分が、普段の自分はあまり認識していない自我となり、この部分を高めることができれば、今よりも違ったタイプの自分を演じつつ、相手に合わせた適切なコミュニケーションをとりやすくなる。**図表14**に、点数の低い要素を高めるために意識して行ってみることをまとめてみた。参考にしていただきたい。

図表13　エゴグラム

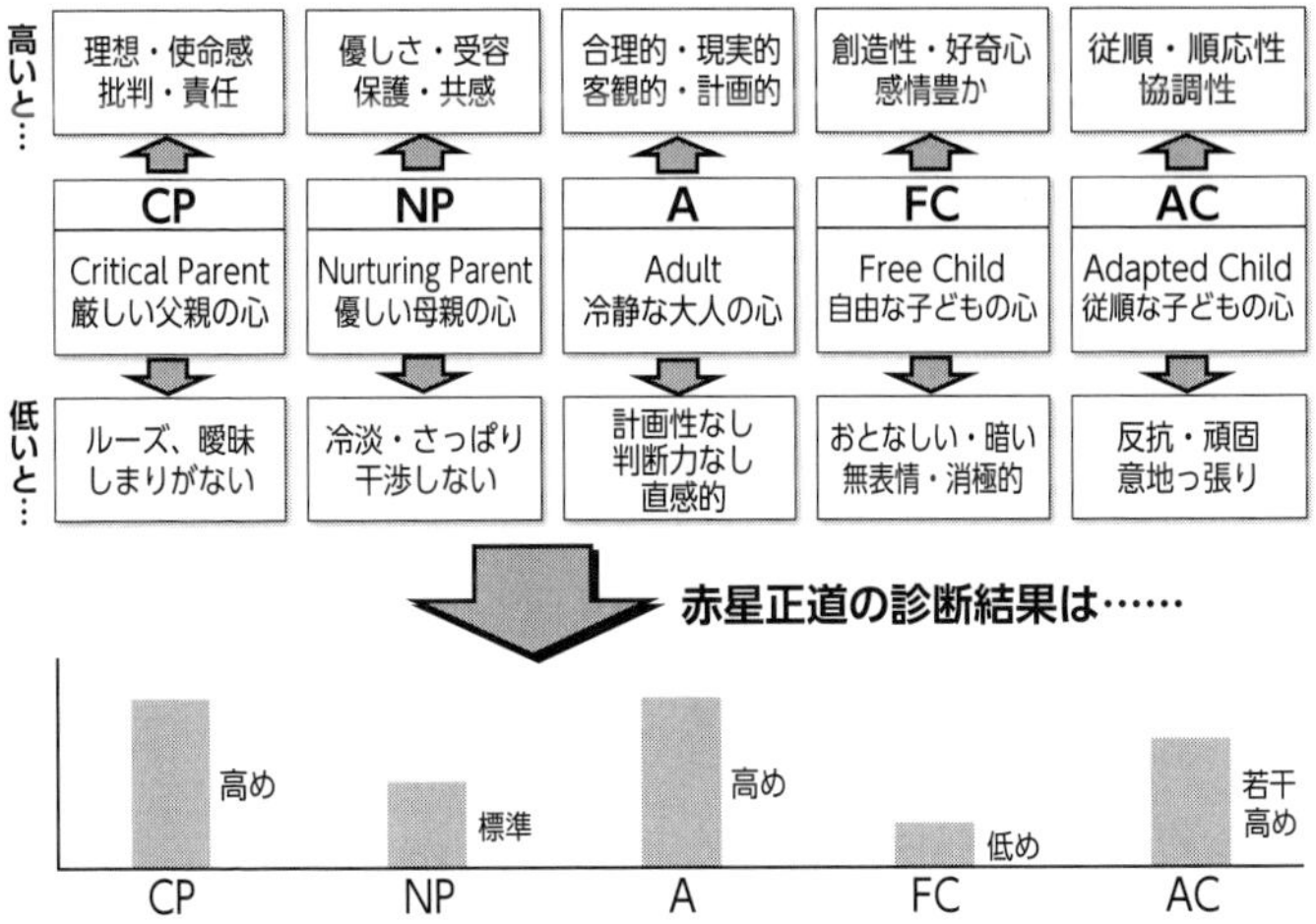

図表14　エゴグラムで低い部分の高め方

CP 厳しい父親の心	・相手が意見を言うとき、続けて「自分の意見は……」と言う ・相手の目標より、少しだけレベルを上げて要求してみる ・間違いを見逃さず、その場で注意するようにする ・決めたことは守ろうと、他人にも要求する ・何事に対しても、白・黒、好き・嫌いをはっきり分ける
NP 優しい母親の心	・自ら挨拶をする、相手がしなくても気にしない ・他人の悪い部分が見えたら、良い部分をひとつ探してみる ・駄目出しをしないで、どうすればよいかをアドバイスする ・相手の感情を理解しようとする、感情に訴えて話す ・相手の個人情報を知り、世間話の中で話す
A 冷静な大人の心	・相手の話を整理して、自分なりの理解を伝えてみる ・自分の意見や考えを文章にしてみる ・目の前の事象について、「なぜ」を3回繰り返して考えてみる ・会社の様々な情報を、図式化、分類、区分けしてみる ・情報の信頼性を自分で確かめてみる
FC 自由な子どもの心	・笑うときは大声で笑う、悲しいときは泣いてみる ・些細なことでも感謝の気持ちを相手に伝えてみる ・他人が話していたら、その輪に入ってみる ・些細なことでも、新しいことをやってみる ・目の前の事象について、今後のシナリオを考えてみる
AC 従順な子どもの心	・相手の顔色、表情の変化をじっくり見てみる ・自分に影響のないことは、相手の言う通りにさせてみる ・相手の意見を受け入れてみてから、矛盾点を見つけ出す ・どうでもいいことで、相手をおだててみる、褒めてみる ・自分に非があれば、すぐに「ごめんなさい」と言う

図表15　ＳＬ理論

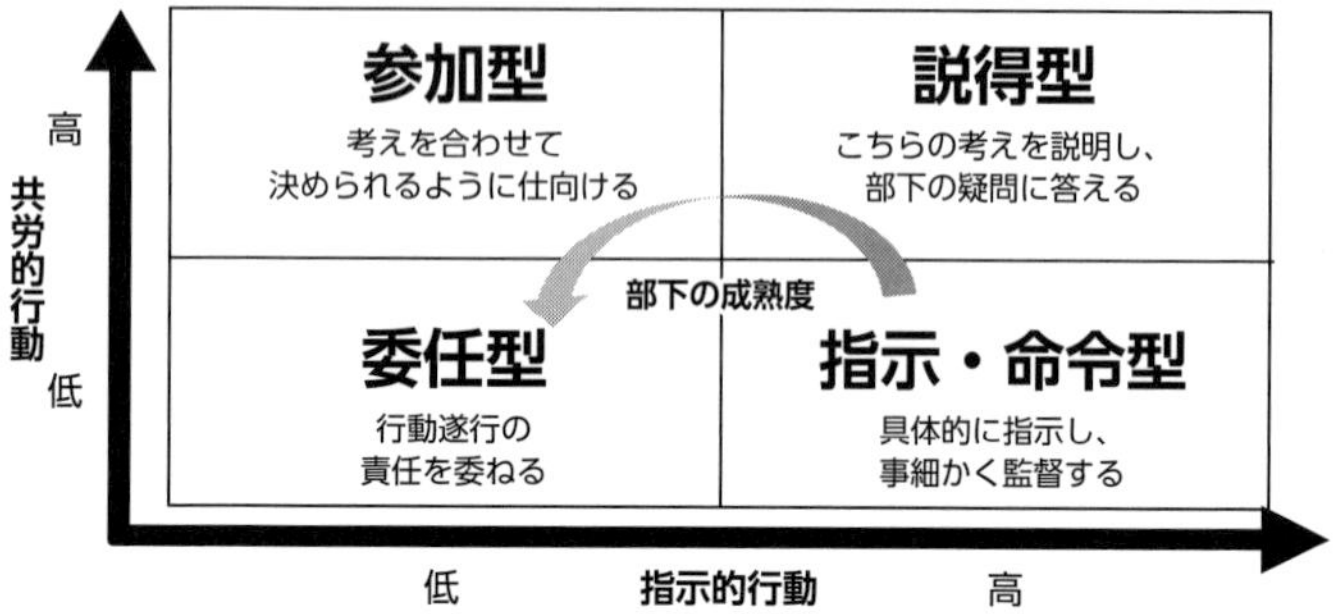

◆ＳＬ理論

ＳＬはSituational Leadershipの略であり、「リーダーシップ条件適応理論」と言われる。リーダー自体の資質ではなく、部下の成長度合いに着目してその役割を変える必要があるという考えをベースにしている。**図表15**は、業務指示の方法とそれを支援するコミュニケーション方法を、部下の成熟度に応じて変えることを示している。部下の成熟度が低い段階では、「指示・命令型」のリーダーシップが有効であり、成熟度が高くなれば、「説得型」「参加型」「委任型」へと、有効なリーダーシップは変化する。

この理論を参考にすれば、ある程度の目安を持ってリーダーシップを使い分け、相手に合わせた接し方をすることができる。

「エゴグラム」と「ＳＬ理論」、このふたつの理論をツールとして、様々なリーダー像を自分の中に作り、演じてみることが、あなたのリーダーシップとなる。

掟その14 従業員の行動をマネジメントする

▼マネジメントスキルはリーダーシップとは違う

リーダーとメンバーの関係が良好だとしても起こりうるトラブルが存在する。期限が守れなかった、当初期待していた結果と違ってしまった、予算オーバーしてしまった……等。

計画通りに改善プロジェクトを進めるためには、こうした問題をうまくコントロールすることが必要となる。すなわち、マネジメントスキルだ。それはリーダーシップと性格を異にするスキルである。

プロジェクト活動には必ずゴールと期限がある。プロジェクトメンバー各自のミッションはバラバラだとしても、ひとつの大きな共通目標を期限内に達成するため、全体として整合性のある動きが求められる。

そのために、プロジェクトの実行責任者（ここではＰＭ：Project Managerと表記する）が行うとよいとされる管理項目がある。有名どころではＰＭＢＯＫ（Project Management Body of Knowledge：プロジェクトマネジメント知識体系ガイド、通称「ピンボック」）だ。ＩＴ業界においてはＰＭの必須スキルとされ、統合管理、スコープ管理、時間管理、コスト管理、品質管理、人的資源管理、コミュニケーション管理、リスク管理、調達管理と体系化されており、世界標準とされる。

業界は違えども、プロジェクト活動をまとめる立場のあなたには、知っておいて損のない知識であろう。実践的に抑えておくべき内容を抜粋して紹介することにする。

◆スコープ（範囲）管理

プロジェクト立ち上げの背景と目的をしっかり理解している人間は、おそらくＰＭであるあなたに限られる。プロジェクトの目的を十分に説明しても、自分と従業員との視野・視座の違いは簡単には埋まらない。メンバーは自分の担当に集中してしまいがちであり、全体の目的を見失ってプロジェクトの範囲を逸脱することもある。ＰＭがこれをしっかりと管理する。

◆時間管理

プロジェクトを構成するタスク同士には前後関係があり、先行する作業が終わらなければ後続作業は着手できない場合がある。改善に着手する範囲が多岐にわたるほどその関係は複雑になり、この状態をうまく交通整理しないとプロジェクトは渋滞していく。全体の交通整理は全タスクを俯瞰して見ることのできるＰＭの役目となる。

◆コスト管理

改善プロジェクトは何かとお金がかかる。管理すべきは、新たに調達する物品等のコスト等である。資金的に厳しい中での突発的な支出は、資金繰りを圧迫しかねない。いつ、何を調達して、どれくらい費用がかかるのかを事前に計画しておくことは容易ではないかもしれないが、なるべく漏れがないようにしておかないと、後々苦労することになる。

数値による報・連・相の習慣化

プロジェクト期間中、メンバー自身が期限を気にしながら自らの行動を管理できるように意識させたい。ダラダラと続くプロジェクトは、なかなかゴールにたどり着けない。**図表16**は大鉄鋳造の改善プロジェクトの全体スケジュールとWBSである。管理のしやすさを意識して作成しており、一日単位の行動まで精緻に落とし込む必要はない。

スケジュール管理は、関係者全員に定着して初めて意味を成す。帳票を精緻に作りすぎると、修正や調整ばかりに時間が割かれ、関係者が理解できないばかりでなく、利用が定着しない。重要なことは、プロジェクトを通じ、従業員が自らの仕事の状況を定期的にかつ定量的に語れるようになることである。だから、「誰もが理解できる」「自分で更新できる」「作成が面倒ではない」といったレベル感の内容で作成することが、管理帳票作成のコツである。

特にWBSの作成については、タスクリーダーとメンバー間のコミュニケーションのほうが重要になるので、タスクリーダーに管理意識を十分に持たせる必要がある。

図表16　プロジェクトスケジュールとWBS

項目	タスクNo	内容	進捗	先行タスクNo	担当		成果物	N期												N+1期		
					主	関係者		4月	5月	6月	7月	8月	9月	10月	11月	12月	1月	2月	3月	4月	5月	6月
【全体スケジュール】																						
		事前検討	**完了**		正道	主要管理職																
		体制構築	**完了**		正道	社長																
		計画具体化	**完了**		正道	各TL																
		改善活動			各TL	Tメンバー																
【マイルストーン】																						
	1	役員レビュー	完了		正道		プロジェクト計画書（仮）	▼3回目														
	2	社内説明会	完了		正道		プロジェクト計画書（仮）		▼													
	3	キックオフ	完了		正道		プロジェクト計画書			▼												
【タスク】																						
1.原価管理の精度・運用レベルの向上					青島（TL）																	
	1-1	製造指示書作成	完了		岡本		製造指示書（新）															
	1-2	時間計測方法のルール決め	完了		岡本		測定ルール															
	1-3	現場メンバーへ、測定方法周知	完了		青島																	
	1-4	コスト按分ルール策定	50%		青島	正道	按分ルール															
	1-5	売上上位20社分、2ヶ月間測定実施	0%		現場全員	Tメンバー	元データ															
	1-6	データ集計	0%		青島	岡本	集計表															
	1-7	結果分析、検討			青島	岡本	原価分析結果															
2.製造原価率の低減					茶川（TL）																	
	2-1	原価分析結果の理解	0%	1-7	Tメンバー	茶川																
	2-2	顧客別課題の洗い出し	0%		Tメンバー	茶川	顧客別課題一覧															
	2-3	製品別課題の洗い出し	0%		Tメンバー	茶川	製品別課題一覧															
	2-4	他（材料別等）課題の洗い出し	0%		Tメンバー	茶川	○○別課題一覧															
	2-5	採用改善策についての事前確認	0%		茶川	Tメンバー																
	2-6	採用改善策の決定	0%		茶川	正道																
	2-7	取引レベル引き下げ客への説明	0%		正道	正二	取引条件覚書変更															
	2-8	仕入れ先、外注先への条件交渉	0%		正道	正二	取引条件覚書変更															
	2-9	実行可能施策まとめ、改善効果予測	0%		茶川		製造原価率計画書															
3.実績を応用した提案活動の強化					緑岡（TL）																	
	3-1	受注内容分析結果の再整理	完了		緑岡	Tメンバー																
	3-2	既存顧客の取り扱い製品整理	20%		神部	Tメンバー																
	3-3	既存顧客の鋳物製造内容情報収集	0%		神部	Tメンバー	鋳物製造対応表作成															
	3-4	鋳物製造対応表作成の精査	0%	3-2	緑岡	青島																
	3-5	顧客別提案方針作成	0%	1-7	緑岡	青島	顧客別の提案方針															
	3-6	顧客別営業計画書作成	0%		緑岡	藤野	営業計画書															
	3-7	置き換え提案資料作成	0%		緑岡	Tメンバー	置き換え提案書															

青島出張につき、作業遅れ。岡本が基本ルールを作成し、戻り次第確認。キャッチアップ可

掟その15 抵抗者と向き合う

▼あなたが歩み寄ってみる

現状の変化を嫌う人はどんな企業でも必ず存在する。決定に従わず、文句を言い、周りに悪影響を及ぼす。さながら「モンスター（＝変革抵抗者）」である。

モンスターはプロジェクトを崩壊させる力を持つ。退治（＝解雇）してしまえばよいかというと、簡単にはいかないのが現実だ。そこで、まずは辞めさせないことを前提にしたモンスター攻略を考える。

ただし、特別な方法などなく、コミュニケーションのレベルを高めることに尽きる。過去出会った後継者が行った例では、「バーベキューをする」「一緒に登山をする」「スノーボードに行く」「会社でフットサルや野球チームを作って参加する」「自宅に招いて食事をする」などがあった。

中小企業は小さな世界である。毎日毎日一緒にいれば、窮屈にもなり息苦しくもなるだろう。であれば、いつもと違った環境をあなたが用意して、喉《のど》のつかえを取り除いてあげればよい。

▼抵抗者をタイプ別に分類して考える

後継者には直接話せないことを聞き出すために、私自身がモンスターたちと話をすることがある。その際に耳にした抵抗の理由と思われる発言を、**図表17**にまとめてみた。モンスターは、「後継者に対する信用」と「計画についての理解」で分類すると、四つのタイプに分けることができる（**図表18**）。

◆タイプA抵抗者への対応

後継者を信頼し、改善計画の理解も十分であるにもかかわらず変革抵抗者になってしまうのは、本当に協力できない理由がある人である。

親を介護しないといけない等の理由から、今の仕事以上に時間的な負荷を受け入れられない。こういう人を巻き込まなければならないときは、業務負荷を調整しながら必要な時

図表17　変革抵抗の理由

	抵抗理由	性別	年齢	役職	リーダー
1	本当にできるのかわからない	男	40代	課長	現社長
2	健康状態がよくない、無理はしたくない	男	60代	取締役	現社長
3	やりたい人がやればいい	男	30代		後継者
4	多分うまくいかない。前もそうだったから。やるだけ無駄	男	30代		現社長
5	目的がよくわからない。ゴールが見えない	男	50代		後継者
6	悠長なことを言っていられない。もっとすぐできることをやったほうがいい	男	50代	部長	後継者
7	計画が具体的でないので、どう進めたらよいかわからない	女	40代		現社長
8	普段の言動から、社長のことは信用していない	女	30代		現社長
9	そもそもの給料が安い、これ以上の仕事はやる気が出ない	男	30代		現社長
10	社長と意見が合っていない。最後はちゃぶ台をひっくり返されるのでは？	男	40代	課長	後継者
11	なぜ、そこまでやる必要があるのか、わかっていない	男	20代		現社長
12	いまさら、そんなチャレンジする気も起きない	男	50代		後継者
13	他の会社はそんなことをやってない。リスクがある	男	50代	課長	現社長
14	残業が増えたら困る。子どもが小さい。会社がすべてではない	女	30代	リーダー	現社長
15	後継者を信じてついていくべきか、正直不安	男	40代		後継者
16	そこまで期待されても、自分には無理。絶対にできない	女	20代		後継者
17	わかるが、リスクは取れない。もっとアンパイでいくべき	男	50代	取締役	後継者
18	同じことをやるなら給料を上げてくれるところに転職する	男	30代		現社長
19	変えることのリスクのほうが大きい。後継者はわかっていない	男	40代	部長	後継者
20	今のままで十分だと思っている	男	60代	部長	後継者

※筆者調べ

図表18　モンスター発生の理由とその対応策

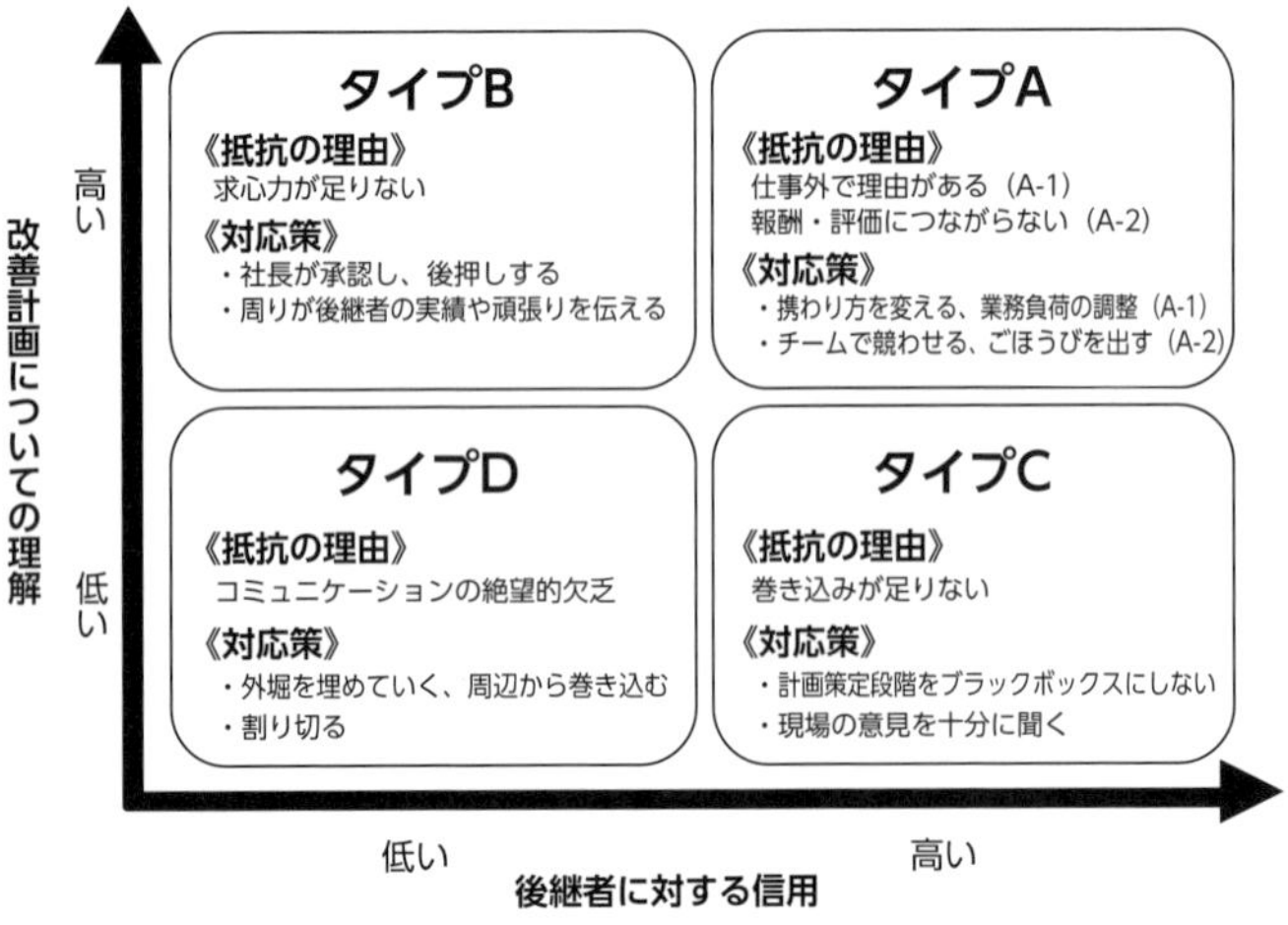

※筆者のメモをもとに分類（プロジェクトのリーダーが後継者の場合に限る）

間を捻出するなどの配慮が必要である。

もうひとつのタイプは、仕事の成果を評価と報酬に結びつける人である。しかし、実情は成果に応じた報酬を払うのもままならない。そういう場合には、「チーム単位で競わせる」ことを試してみたい。例えばプロジェクトのタスクチームごとに目標達成度を競わせ、一位のチームには食事券等で褒賞を出す。一言添えて後継者が自ら手渡せば、彼らの不満はだいぶ和らぐはずだ。

◆タイプB抵抗者への対応

後継者に対する信用がないということは、コミュニケーションの失敗、または実績不足ということが考えられる。信用を得るために、自らアピールしても効果は小さい。社長を含む、周りのメンバーから後継者のことを好意的に伝えてもらうのが効き目としては高い。

◆タイプC抵抗者への対応

後継者のことは信用しているが、プロジェクト計画の中身に納得していない人がこのタイプである。検討段階や意思決定の場に関わっていなかったことが主な理由である。事前にプロジェクトの当事者として議論や検討に関与させていれば、この不満の発生は抑制できる。

◆タイプD抵抗者への対応

このタイプに分類されてしまう人には、これまでのあなたの努力が実らなかったといえる。必要な人材かどうかを見極めた上、今後の扱いを判断する準備を進めるほうがよい。重要な人物がこのタイプに分類されてしまわないよう早い段階から注意したい。

▼それでも、全員が変わることは難しい

いくら抵抗者への歩み寄りを試みても、その努力が実らないこともある。費やせる時間には限りがあるので、どこかで割り切る必要があろう。対象となる人物を「その人がいることのデメリットはクリティカルであるか」「その人がいることのメリットは他の誰かで代わりがきくか」というふたつの視点で最終評価したい。

掟その16 変化のスピードを緩めない

▼継続させることが大事

プロジェクトの進捗は、ＷＢＳによって定量的に計測することができる。プロジェクトの目的のひとつである業績回復についても、月次の試算表やプロジェクト中に作成する帳票等で確認が可能なはずだ。

ところが、別の目的である風土変革には、進捗や達成度合いを把握する明確な指標が存在しないため、目的の達成を確認することは難しい。

ただ、ふとしたときに社内の雰囲気の変化を感じることがあるのも事実だ。だが、あなたが手を緩めた途端に元に戻ってしまうのが風土変革の特徴である。あなたが手を緩めても、元に戻らない人たちをどんどん増やしていくことが次の課題となる。この目的の達成のためには、決して「粘り強さ」を忘れてはならない。では、そのための主要な取り組みを紹介しよう。

◆風土変革を継続するための取り組み

①望ましい行動を承認する

望ましい行動とは、改善施策を実行する上で有用な言動のことを表す。そうした行動を見つけるたびに、あなたが「いいですね」「ありがとう」と声をかけることは、彼らの存在や変化を認め、評価することに他ならない。認めることによって、相手はまたその行動を繰り返す。この行動が当たり前になるまで繰り返す。

②小さな成功を社内に周知する

タスクを進めて結果が出たら、少々大げさにでもそれを社内に周知する。担当したメンバーは、嬉しくなることはあっても悲しくなることは決してない。また何より計画の内容が正しかったことが証明され、プロジェクトを進めることの正当性が確立される。

③タスクリーダーの自立性を促す

タスクリーダーを確実に自立させることも肝心だ。あなただけでなく、タスクリーダークラスの人物がプロジェクトのマネジメント方法を理解し、そのやり方に準じてタスクメンバーをしっかり管理していくことが、新たな風土の定着には欠かせない。

④自らも担当を持って動き続ける

あなたは、決して椅子に座ってパソコンに向かい続けてはならない。現場の人間は、デスクでパソコンをいじってばかりの人が言うことを聞こうとはしない。「現場をわかっていないくせに、えらそうに指示するな」は、ある意味で正論である。自らもプロジェクトのタスクを担当し、率先垂範《そっせんすいはん》して現場で汗水を垂らす姿勢を見せる。

⑤正しく任せて信じて待つ

「正しく任せて信じて待つ」とは、タスクリーダーとメンバーたちがやらなければならないことを明確にしたら、あとは任せるということだ。あれこれ口を出したくなるのはわかるが、待つこともあなたの仕事である。あなただけでなく従業員も、様々な経験を通じて変わらなければならない。

⑥決してぶれてはいけない

プロジェクトにはメンバーそれぞれの立場に起因する様々な問題が発生する。その調整と解決にあなたは責任を持つ。揉め事を回避しようと落としどころを探ってはいけない。生じた問題を全体的かつ大局的な視点から見渡して判断しなければならない。

⑦区切りをつけて休息する

本書で紹介するノウハウをすべてうまく実行できたとしても、改善プロジェクトを進めることは決して楽ではない。無理がたたると取り返しのつかないことにもなってしまうので、自分も従業員も健康状態に注意して、休息は適宜しっかりとってほしい。

第4章

新たな風土・組織基盤を造る

正道、35歳の夏。〝集団から組織へ〟社内改革を継続。

頑張りをどう継続させるか

さいたま銀行支店の応接室にて。

「おかげさまで資金が底を突くこともなく、約束通り、期限内に結果が出ました」

「正直なところ、驚いています。こう言ってはなんですが、計画が予定通り進む企業は珍しいのです」

異動した佐伯に代わり支店長となった四谷から、リスケジュールが解除され、今後は新たな借入れも可能になると伝えられた。

「以前見せていただいた事業承継計画に変わりはありませんか？　今後は社内の『組織基盤の整備』となっていますが、具体的にはどんなことをされるおつもりですか？」

「四谷支店長、息子に次々とプレッシャーを与えんでくださいな。過労で倒れてしまいますわ。ワッハッハ！」

業績回復に久々のご機嫌なのだろうか、正二が銀行相手に冗談を飛ばすなんて珍しい。

「もちろん、今後の計画は作ってあります」

銀行相手におどおどしていたのは、つい最近までのことである。物怖《ものお》じせずにしっかりと説明する息子に、正二は頼もしさを感じていた。

「なるほど。評価や賃金制度を整備して、さらにマネジメントの仕組みを強化するのですね。わかりました。これから長いお付き合いになりそうですね」

さいたま銀行には自信ありげに話したものの、正道は悩んでいた。フューチャーコンサルティングの黒谷が、来月から半年間海外勤務になる旨、以前から説明を受けていたからだ。これからやろうとしていた人事やマネジメントの制度設計についても、黒谷の支援を受ければよいと考えていたので、あてが外れてしまった。

それからせわしく動き回っていると、毎日が矢のように過ぎていく。作業に着手できぬままあっという間に一か月が過ぎた。営業の藤野も三十歳を超え、一通りの営業業務を一人でこなせるようになっていた。今日も、毎年行っている国際展示場での商談会の場で声を張り上げている。来場者の誘導や雑談、対応の仕方を見れば、立派な営業マンと言えるほどに成長していた。

その姿を少し遠目で見ていた正道を見つけると、藤野がこちらに手を振った。

「正道さん、来てらっしゃったんですね」

「ああ、抜き打ちチェックだよ。藤野君がちゃんとやってるかと思ってね」

「嫌だなぁ、ちゃんとやってますよー。聞いてください、新しい引き合いを七件もいただきましたよ。これが受注になったら、ボーナス弾んでくださいね」

「おいおい、げんきんな奴だな。しかし、七件ってすごいペースだね。まだ商談初日だよ。その調子で引き続き頼むね。（……うーん、報酬に絡む声がちょっと増えてきたな。やっぱりそろそろ人事制度に取りかからないといけないないな）」

正道は考え込んだ。プロジェクトに尽力してくれた青島や茶川、緑岡からも、同様の相談を受けていたのだ。現実問題、報酬がついてこなければ、従業員の努力は継続しない。前期は決算賞与で、従業員へ寸志ほどの還元を行ったものの、到底満足とは言えない金額だ。正しい評価と正しい報酬の仕組みがなければダメだという思いが、頭の片隅にあった。

「あっ私、なんか変なこと言っちゃいましたか？　すみません、正道さん」

「その通りだと思う。次は評価や賃金制度をきちんと整備するつもりでいるから」

「難しいことはわからないけど、頑張ってください。僕も営業頑張りますよ！」

「ありがとう。お互い頑張ろう」

「はいっ！　あっ、そういえば、川崎鋳造さんが先ほどのぞいていかれましたよ」

「えっ、金宮社長？」

「そうです。ついさっき、『赤星君いる?』って」

「(これはチャンスだ！　相談してみよう)」

「噂は聞いているよ。頑張ってるんだってね」

業界未経験の自分をふたつ返事で雇い入れ、貴重な経験の場を与えてくれた。金宮社長には感謝の言葉しかない。二人は賑やかな会場を離れて話すことにした。

「なるほど、そういう状況なんだな。それで君はどうしたい？」

「従業員自ら意識を高めて動いてくれている状況が継続しています。できることなら、評価だけでなく報酬でも報いてあげたいんです。成長が継続する仕組みを作りたいと思っています」

金宮は少し考え込んだ後、バッグの中から手帳を取り出し、メモをした一枚を切り取って、正道に手渡した。

「連絡してみるといい。君も知っているだろう?」

「桃瀬千里《ももせちさと》さん……ですか。あの、管理本部にいらした方ですよね」

「その通り。だが今は在籍していない。辞めたんだ。離婚してふさぎ込んでしまってな。

「もう四年になるか」

「戻らないんですか?」

「勤務場所が違うんとはいえ、元旦那のいる会社には戻れんだろ。今は生活のためにパートをしているようなんだが、彼女はそういう器じゃないんだ。川崎を大きくできたのは、彼女の力によるところも大きい。実は、うちの組織に関するほとんどの制度を作ったのが彼女なんだ。そこでだ。俺は古株をどけて彼女を部長にしようとしたんだが、本人に遠慮されちゃってね。どうだ、連絡してみるかい？」

「ええ、お話を聞いてみたいです」

桃瀬千里の経験と能力は、今の大鉄鋳造にはうってつけであった。

会ってみると、正道の記憶にある昔の印象とは違って、どことなく全体に疲れた感じが漂っていた。金宮から四十代半ばと聞いていたが、それ以上に見える。正道の話をじっくりと聞いてはくれたが、その場の返事は残念なものだった。「ブランクもあって自信が持てない」、そういう理由であった。

「時間はあるので考えてください」ということでその場は別れたが、正道はその後も定期的に連絡を取り続けた。今の会社の状況のこと、桃瀬のような経験者が必要であること、自信をここで取り戻してほしいこと。正道は手紙を何通も書いた。

その後、正道は、仕事が終わった後の時間で、人事制度の設計や導入についての勉強を始めた。奈々子の心配をよそに、それは深夜遅くまで続く日も少なくなかった。

「頑張るのもいいよ。でもさ……」

「でも？」

「私はね。仕事と家庭とどっちが大事かなんてそんな質問はするつもりはないよ。でもね……家族が増えるの。もう少し余裕が欲しいなって思う」

「えっ、それって……ひょっとしてできたの⁉」

「うん」

「やったじゃん！　奈々子」

正道は奈々子をぎゅっと抱きしめた。

「よし、わかった。じゃあ会社は少し休むよ。それで旅行に行こう！」

「今、正道君が会社を空けたらダメなんじゃないの？」

「二、三日なら大丈夫だよ。さすがに一週間は空けられないからモルジブは無理だけど」

「ううん、いいの。それはもっと後にとっておこうよ。でも嬉しい」

新たな風を取り込む

「正道。今日の夜、うちに来い」

つかの間の休息から戻ってきた後、久しぶりに実家で食事をすることとなった。奈々子も一緒にだ。正二も裕美も喜んでくれた。食べきれないほどの料理がテーブルを埋め尽くし、久々の賑やかな家族団らんだった。

裕美と奈々子が台所で片づけをしているとき、正二から予想もしない言葉が飛び出した。

「お前の旅行中、事務所に桃瀬さんという人が訪れてな」

「えっ?」

「金宮社長から連絡があってすぐに会うことになった。お前に連絡をしようと思ったが、それも無粋だしな。お前、あの桃瀬さんという人が必要なんだろ?」

「あ、うん。前から話はしていたと思うけど、現状改善の次のフェーズは『組織化』なんだ」

正道のバッグの中には常に事業承継実践塾で使った資料が入っている。毎月の黒谷との打ち合わせのたびに、もらった資料やメモが増えていくので、厚さがだいぶ増した。

「これなんだけどね」

＜新たな風土・組織基盤を造る＞

・掟17　変革意識を継続させる
・掟18　集団を組織へとシフトさせる
・掟19　従業員の成長を阻害しない
・掟20　取締役に恥じない知識を身につける

「ああ、わかってる。以前、黒谷さんから説明を受けた。他社の事例もいろいろ教えてくれた。だが、正直なところ内容はよくわからんのだ。俺が最も不得意とする分野の話だからな」

「明日にでも、もっと時間とって説明しようか？」

「いや、いい。お前が必要だと思うのであれば、そうすればいい」

正二は昔に比べてずいぶんと控えるようになったが、その晩は気持ちよく酔っていた。顔色がそれを伝えている。しかし声のトーンはしっかりしていた。

「俺ではなく、従業員たちにしっかり理解させればそれでいい。それでだ……お前が桃瀬さんに声をかけた後、金宮社長に相談したようだ。それなら会社を訪問してみればいい、ということで来てもらった。いろいろ話したよ。彼女が気にしていたのは、ここで自分がどう貢献できるのか、その一点だ」

正二は、桃瀬の大鉄鋳造での存在意義を確認したかったようだ。それを正道は熱心に伝えた。

「『仕事を通じて自信を取り戻してほしい』と言ったそうだな？　その言葉にずいぶんと悩んだそうで、金宮社長がそれを聞いて後押ししてくれたらしい。人が一人、お前を信じて人生を預けたと思って責任を持てよ。しっかりとな」

「わかった」

「それに家族も増えるんだ。家族あっての仕事だぞ。それも忘れるなよ」

間もなく桃瀬が入社した。経営企画室の課長として、人事制度や組織のマネジメントルールを整備するのが彼女のミッションである。

「さて、どうやって進めていきますか？　桃瀬さんの意見を聞かせてください」

「川崎鋳造での経験をお話しさせていただくと……」

社内の制度を整備する際、まず従業員アンケートを行ってその内容を分析したという。

分析の結果も大事だが、意見を収集したというプロセスが大事だとつけ加えた。現場を巻き込む形で進めることで問題の発生を最小限に抑えることができた、とのことであった。

「人数の多い会社でしたし、私がこの仕事を担当するときは、金宮さんが入社してまだ数年も経っていませんでした。お世辞にも後継者としての求心力もまだ十分とは言えない状態でしたから、揉め事のきっかけにしてはならないと考えました」

桃瀬の思考方法は、黒谷のそれに似ていると感じた。女性ならではの配慮なのだろうか、正道はなぜか少し安心感を覚えた。

「桃瀬さん、それでいいと思います。私のときもそうでしたが、新参者がいきなり何か始めようとすると必ず抵抗がありますから。あっ、でも心配しないでください。もちろん矢《や》面《おもて》には私が立ちますから、桃瀬さんに直接面倒がかからないようにします」

「ご配慮ありがとうございます。それと、できれば私もみなさんと一緒の作業着を着させてもらいたいのですが」

「ええ、もちろん！　是非そうしてください」

さっそく、従業員アンケートの準備に取りかかり、その途中で他の管理職を集めてこれからの流れについて理解を得た。正道が新たな取り組みを行うと知れ渡った現場の様子は、前回の改善プロジェクトのときと比べれば、かなり落ち着いた雰囲気だった。従業員全員へのアンケートの配布と、それに先んじた内容の説明に至るまでは結構な時間を要したが、アンケート回収と取りまとめ、それに分析までは手馴れたものだった。その結果、次のような問題点が目についた。


「実力もない、尊敬もできない上司から指示されるのは嫌だ」

「若手が頑張っても上に上がれない」

「印象で評価されてしまっている」

「経験を積めること以外にモチベーションが上がる要素がない」

「チャレンジしない人と給与が一緒なのは納得いかない」


直接・間接を問わず、この数か月間、耳にしていた内容であり、文字になったことでその重要さを再認識した。

「桃瀬さん、僕はこの結果をどう活用すればいいんだろう?」

正道の問いに答えるように、桃瀬は次の資料を広げた。その表には、従業員からの意見をカテゴリごとにまとめ、今後発生する可能性のある問題と併せて整理されていた。さらに問題の原因を「等級制度」「評価制度」「報酬制度」にマッピングしてあり、どういう論点でその制度を構築すべきかが列挙されていた。

「桃瀬さん……すごいですね。金宮社長が一押しするのもうなずける」

「いえいえ、川崎での経験が活かせてよかったです。でもまだ始まったばかりです。これを設計して定着させるには、思いのほか時間がかかるはずですよ」

人材を厳選して経験者を採用することのメリットを、正道は心底感じた。同時に、桃瀬の表情が、初めて会ったときとは別人のように変わっていたことに気づいた。

「(よかった。桃瀬さん、この会社でやりがいを見つけてくれたみたいだ)」

その後、現在の管理職を中心に主要なメンバーを集めて、桃瀬の基本構想をレビューした。

今まで課長レベルがあらかじめ定義された項目に従って部下を評価することはなかったし、自分たちの評価能力が不十分であることも認識していた。数回の意識合わせの場を経て、実情を考慮しながら、桃瀬は基本設計案を調整していった。▼掟 その17

「なるほど、僕はこのやり方、いいと思う。うちの実情を踏まえると、まずはこのレベル感がちょうどいいと思う。青島部長、どう思います？」

「私も同意見。こういう部分は素人なので正直不安もあるけど、これくらいならできそうだって感じがするしね。やること自体に意味があるので、まずは始めてみることが大事だよね」

正道は白倉や他のメンバーにも意見を求めた。

「よかった。それじゃあ他に意見あるかな？　なければこれで社長と専務に説明しようと思う」

その場にいたメンバーたちからの異論はなかった。しかし、これでいけると思って臨んだ正二と五十嵐への説明は、歯切れのよいものではなかった。正二は終始黙って正道の話を聞いてはいたが、五十嵐がところどころで正二の話を遮って質問を繰り返したからだ。その視点は、「正確な評価ができないと逆にまとまりがなくなる」「古株たちの昔の貢献はどう評価されるのか」ということに集約された。

「うちみたいな中小企業にはそういうのは向かないんじゃないのかい？　全体のまとまりがこの会社の力の源なんだ。それに年をとって動きが鈍くなったとしても、十年、二十年前はしっかりやってくれたんだ。そういう人間を邪険にしちゃいかんよ」

五十嵐の考えはもとより変わっていなかった。

「五十嵐さん、それは違いますよ。邪険にしようだなんて、そんな制度ではありませんよ。頑張った人がちゃんと評価される、実力に応じた報酬が支払われる、ただそれだけの制度です」

「そういうのを成果主義って言うんだ。成果主義を取り込んでうまくいっている鋳物屋なんて聞いたことがない」

五十嵐との議論は平行線をたどった。二時間が経っただろうか、正二が口を開いた。

「わかった。専務の言うこともわかった。正道は専務の言うことをちゃんと理解した上で、その制度を導入すればいい。ただし、お前の責任でやること。いいな？」

「もちろん。その覚悟はもうとっくにできているよ」

正道のいなくなった部屋で、五十嵐がどさっとひび割れた革のソファーに腰を下ろした。

「はぁ……もうわしの考えは時代遅れなのかね、社長」

「そんなことないとは思うがな。ただ正道はよくやってるよ。まさかここまで結果を出すとは思いもしなかった。ここまでやられたら、もう心配することもなかろう」

「そうかい。まあ確かにその通りだ。ということはわしもそろそろ引退かな」

「まあ、そう言うな。まだ約束の七十になってない。まだまだ居てもらわないと、現場は困るわ」

後継者も、さらに自己変革を続ける

桃瀬の提案で、リーダークラスの従業員には、仕事の合間を見て外部の管理職研修に参加してもらった。研修には、改善プロジェクトでタスクリーダーを支えていたメンバーと、現場のリーダークラスのメンバーを人選した。正道がその旨を伝えた時点では疑問を持った人もいたが、「管理職候補として」という説明を加えると、まんざらでもない顔をして承諾した。研修参加後には、参加者の数名に順番に講師役を務めさせ、残りのメンバーを集めて報告会を行った。


海外出張から戻って久々の訪問であった黒谷が、その様子を見て小さく手を叩いた。

「雰囲気、変わりましたね。どなたのアイデアですか?」

「ここにいる桃瀬のアイデアです」

「正道さん、頼れる方が増えてよかったですね。では、正道さんには次の課題です。これがこの半年の間に学んでいただく内容です」

そこには、幾分厚みのある資料の束が、数冊並べられた。

「定款、経営に関連する法律、会社法……」

「結構なボリュームですね。金融機関との付き合い方、取締役の心得、それに資産承継ですか」

「そうです。これから六か月間、みっちりいきますよ」

その後も黒谷の指導は続いた。社内の会議体とその位置づけを整理し、経営会議、生産会議、営業会議の場を設けた。生産会議、営業会議では、現場の意見を聞き、管理職に権限を委譲し、主体性を持たせながら、会議運営を任せることにした。各会議の運営は、しばらくの間はぎこちなかったものの、内容もさることながら、会議のやり方と進め方を黒谷が逐一チェックしてくれたことで、徐々に自分たちの会議として定着してきたようであった。▼掟その18

ひとつできたと思えばまた次の課題。やることは本当に多岐に渡る。期限を設け、その都度結果を求めようとする思いは、時間の感覚を鋭くする。そのせいもあり、常に時間に追われる感覚を持つのが後継者の定めである。

正道は時折、もどかしさのあまり、会社で言えないことを家で吐露することもあった。

だが、「できないことを嘆くより、できたことを褒めよ。教育の基本よ」と妻の奈々子から何度も諭された。

父親としてだけではなく、母親としての心も持つほうがいい。自身も間もなく母となる奈々子のアドバイスは、正道の中にすーっと入っていった。 ▼掟その19

譲れない対応

「おい、聞いてるのかっ⁉ 死人が出るかもしれなかったんだぞ！」

電話の相手は激高していた。鋳物で作った射出成形機《しゃしゅつせいけいき》の試作品が、顧客先での実験中に破裂したのだ。鋳物の破片が高速で飛び散り、壁に突き刺さったという。

すぐさま、正道と青島は顧客先に駆けつけ、ひたすら頭を下げることになった。相手の怒りが静まった頃、ようやく事態を詳細に把握することができた。

相手の超短納期要請に、はじめ大鉄鋳造は難色を示したが、通常行う検査工程を一部省略して対応するよう要望があり、これを承諾したのだ。過去に何度か製造経験のある内容だったために、問題なしとして判断していた。それでも、トラブル発生を回避するために、六坂鋳材から仕入れた材料にミルシートをつけてもらい、それをもとにいつも通りに製造すれば問題ないはずであった。

ところがその後の詳細検査で、問題の原因は材料の組成にあることが判明した。つまり、ミルシートの情報が間違っていた、ということになる。

正道は飛び込むように六坂鋳材を訪れた。

「ん〜、困ったな。ミルシートも『どんぶりとテンプラ』だからなぁ」

「六坂社長、何をわけのわからないことを！　それは、あてにならないということですか？」

「そうだ、一〇〇％完全なミルシートなんて見たことない。出すだけマシなほうだ」

「そんな無責任な！　ちゃんと検査してこそのミルシートでしょう！」

苛立つ正道と、自分に責任はないと言いたげな六坂社長。話がまとまるわけがなかった。

「……わかりました。それでは今後は、御社との取引を削減させていただきます」

「本気で言ってるのかい？　親父さんなら、熱くならずに対応を一緒に考えてくれたのに」

タスクチームでは、材料の仕入先の開拓も以前から行っていた。条件を詰めていた新たな材料業者との取引を増やしながら、六坂鋳材からの仕入量を減少させていくことが、今後の経営には〝合理的〟であるという考えをまとめ、正道はその決定を全員に周知した。ところが、正二の反応は意外なものだった。

「それで後々大丈夫なんだな？」

正道はその言葉の真意がわからなかったが、問題は一週間もしないうちに発生した。もともと取引のあった他の材料仕入先の他、県外に倉庫を置く新たな仕入先からの調達では思うように量が揃わず、納期も常にぎりぎりの状況が続いて、自社の生産計画の調整が難航した。現場からは「やはり六坂でないとダメかも」との声が上がったが、正道は譲らなかった。自分が決めたことだけに、仕事に支障をきたさぬよう、正道は材料の安定仕入れに奔走することとなった。

ここに来て大きなトラブルがあったものの、改善プロジェクト全体の進捗は悪くなかった。今期も堅調な営業成績で、大鉄鋳造は二期連続の黒字決算を迎えられそうであった。その確認も含め、黒谷は今後の相談があると正二を社外に連れ出した。

「ご無沙汰しております。赤星社長、お元気そうで！」

「おお、水戸さんですか！　お久しぶりです」

二人は互いの元気さを確認し合って、近況を話した。

「黒谷さんのアドバイスもあって、なんとか一人前になってくれたみたいですよ。彼を中心にして会社が回り出したように思います。不思議なもんですよ、あの引っ込み思案の息子がね……」

「いえいえ。私の支援なんて微々たるものです。正道さん、必死で苦労なさってました」

息子が入社して早八年が過ぎた。割り切ったつもりではいたが、結局は父親である。冷静さを欠いた叱責があったかもしれない。無条件に息子の肩を持ってしまったかもしれない。それでも会社の将来イメージを共有しながら、理解させ、修正すべき事項はしっかりと伝えてきた。そんな思いを巡らせて、正二はゆっくりとコーヒーを味わった。

「あいつ、やれることは全部やったと思います。あとは信じて任せるしかないでしょう。仮に会社を潰すのが息子であれば、今ならあきらめもつく」

「そろそろ次のフェーズに移るタイミングでしょう」

「はい。来期から取締役に選任します。そして仕上げの任にあたらせます」

黒谷との打ち合わせは月に二回に増えていた。フューチャーコンサルティングから公認会計士・税理士の丸山《まるやま》キリアも加わり、株式や資産の承継についても検討を始め、準備を進めた。

さらに、週を追うごとに、正道には新たな知識が詰め込まれた。

「定款、経営に関連する法律、会社法、金融機関との付き合い方、取締役の心得……こんなに集中して勉強したのは大学受験以来ですよ。あー、頭がパンクしそうだ」▼掟その20

六か月後、予定通り黒字決算を達成した。そして正道は取締役に就任した。誰からも疑問の声は上がらなかった。

掟その17 変革意識を継続させる

▼継続させなければすぐに元に戻ってしまう

変化のスピードを緩めないためには、望ましい行動を承認することが大切だと前述したが、現実問題として、会社が数十人の規模になってくれば、あなたが従業員一人ひとりの行動をつぶさに観察することは難しい。

評価の原則は公平性であり、組織として望ましい行動を承認するための仕組みが必要となる。それが人事評価制度であり、従業員に良し悪しをつけるためのものではなく、「会社としてこういうことを期待している、期待通りであればいくら出す」という内容をあらかじめ合意し、その達成・実現に向けて努力してもらうための約束事である。

▼人事評価制度

人事評価制度は、等級制度・賃金制度・評価制度の三つから成り立っている。人事制度を見直す際は、通常、まず制度の柱となる等級制度を作り、次いで残りふたつの制度を整備していく。

◆等級制度

ここでは「役割」を基準として等級を設定する前提で簡単に解説する。

役割等級は何段階でもよいが、運用のことを考えれば五、六段階がベストだろう。併せてそれぞれの等級の役割を果たすために進んでとるべき行動を定義する。役割をわかりやすく区別して定義できるかどうかで判断すればよい。

◆賃金制度

ここでは月給についての見直しポイントを記載する。定義した役割・等級ごとに基準となる給与額と幅（等級ごとの上限と下限）を決める。昇格・降格で等級が変化しない間の給与改定は、この幅の中で評価によって上下させる。その際は、「号俸変動方式」「洗い替え方式」といった方式の中から自社に適したものを採用することになり、管理職と一般職で異なる方式を採用するケースもある。また、社内に異なる複数の職種が存在する場合には、職種ごとに異なる賃金の等級幅を設けることも考えられる。

◆評価制度

評価制度というと「どうせうまくいかない」といぶかしげな顔になってしまう方がおられる。そういう方は、万能な制度、完璧な評価、完全な納得を頭にイメージされるようだ。評価制度の運用は、「一〇〇点を目指さないこと」がポイントである。そもそも万能、完璧、完全な評価など存在しない。専門のコンサルタントに依頼して、時間と金をかけて素晴らしい制度ができあがったとしても、運用するのは自社である。定着しなければまったくもって意味がない。まずは「できることから始める」が評価制度運用の鉄則だ。

この制度の目的は、賃金改定ではなく従業員各個人の成長であり、会社の成長の方向性に沿って従業員個人を成長させることにある。裏を返せば、会社の成長に貢献しない努力は報われないと従業員に認識させることでもある。「私は頑張っているけど評価されない」という不満を内在させる企業は、この評価制度が正しく運用されていないことが多い。評価される内容とそうでない内容をしっかりとあらかじめ認識させ、評価期間の途中でチェックと是正指導ができるような運用が望ましい。

会社の新たな風土定着のためには、評価面談における是正指導が有効であることが多く、運用上無理がないようであれば、評価期間は半年ごとがよい（給与改定が年一回の場合）。管理職は年二回、平社員は一回など等級に応じて変えてもいいし、自社の離職率が高いようであれば年二回で実施するなど、状況を観察しながら柔軟に設計したい。

◆評価者研修

評価の公平性については、多くの会社で問題に挙げられる。この問題の解決にお勧めしたいのは「ケーススタディによる評価者訓練」だ。ひとりの仮の人物を設定して、評価者全員が一斉に評価してみると、個人ごとに評価内容に差が見られることだろう。全体と比べて差が大きいところが、その個人の評価のくせ（評価エラー）となる。どういった項目に評価エラーがあるのかがわかれば、是正もしやすいだろう（**図表19**）。

そして、忘れてならないのは「昇給原資」の観点である。甘めの評価をして自分の部下のご機嫌をとるのは誰でもできる。評価する管理職としての大事な視点は、自分の部署（会社）の来年一年の収支予算を踏まえて、どれだけ人件費をアップさせてよいのか考えなけ

図表19　合同研修による評価エラーの発見

X氏の上司であるあなたが、１年間の行動・振る舞い・実績等を踏まえて評価してください。

結果

考課者＼項目	実行力	企画・計画力	指導力	利益・コスト意識	コミュニケーション	専門知識	責任感	積極性	協働	規律・倫理性	平均点	合計点
A氏	3	4	3	1	2	3	3	3	4	2	2.8	28
B氏	2	2	2	2	3	2	1	2	3	2	2.1	21
C氏	3	3	2	4	4	3	4	2	4	4	3.3	33
D氏	5	4	4	4	4	5	4	3	4	5	4.2	42
E氏	3	4	2	3	2	3	1	1	1	4	2.4	24
F氏	3	3	3	3	3	3	3	2	4	3	3.0	30
G氏	2	4	3	3	3	2	4	2	4	4	3.1	31
H氏	2	3	3	4	2	2	4	2	3	4	2.9	29
平均点	2.9	3.4	2.8	3.0	2.9	2.9	3.0	2.1	3.4	3.5		

是正ポイント

○評価エラーと思われる内容

A氏　→　ひとりだけ極端に低い評価である。利益の考え方について間違っていないか？
B氏　→　全体的に辛めな評価である。厳格化傾向にないか？　またはハロー効果がないか？
D氏　→　全体的に甘めな評価である。寛大化傾向にないか？　またはハロー効果がないか？
E氏　→　責任感、積極性、協働を一緒の意味として捉えていないか？
F氏　→　全体的に３点（普通）が多く、中心化傾向にないか？

ればならないということだ。

その場合、新しい評価制度では「降格（イコール減給）も当然」として運用しないと、能力と行動の優れている人が上に上がれず、いつまでたっても過去に年功処遇で上がってしまった人がそのポジションに居座ることになる。

▼賞与制度のふたつの柱

賞与制度も人事評価制度のひとつであるが、項目を切り出して解説する。

なぜなら、賞与制度は自立型組織実現の重要な要素だからだ。自立型組織を目指すためには、従業員個々が明確な目標を持ち、その内容は所属部門の目標を達成するために必要十分であることが欠かせない。同様に部門目標は組織全体の目標達成のために必要十分な内容でなければならない。つまり、個人、部門、組織全体の各ベクトルが揃っている必要があるということだ。

会社の目標と従業員個々のベクトルが揃っていて、設定目標の内容が間違ってさえいなければ、各々の目標が達成されるということは会社の業績が好調だということに他ならない。目標の達成度合いが高ければ高いほど、会社には利益が残るはずである。この利益が結果に連動して従業員に還元されるとなれば、意識は高まることはあっても低くなることはない。賞与制度のふたつの柱についてポイントを解説する。

◆目標管理制度

後継者であるあなたが組織全体の目標を設定し、主要な管理職を交えて部門目標を設定する。その上で従業員個人に、この一年、またはこの半年に「自分は何をすべきか」を徹底的に考えさせる。ただ日々目の前の業務をこなすのではなく、会社が変革を実行し続けている状況下で、自分のやるべきこと、できること、チャレンジすべきことを上司とともに考えさせる。

ポイントは、現実的なゴールを設定すること。この制度の運用を始めて目につくのは、「いきなりそんな大きな目標を設定したところで実現できない」という従業員側の不満だ。それもそのはずで、上司の期待する目標のレベルが非現実的であるケースが少なくない。常識で考えても二、三年はかかることを一年でやれと言われても、それはどだい無理な要求である。その無理な要求を一担当者が実現しないと、部門や会社の目標が達成されないということであれば、それは部門または会社の目標設定が間違っているということである。ただし、従業員の努力を促すために、「少しだけ背伸びして頑張らないと達成できない」くらいの目標レベルに設定することはまったく問題ないだろう。

◆賞与制度

賞与支給額をどう決めるか、これを狭義の意味での賞与制度とする。賞与よりも月給を重視する人のほうが普通は多いので、総額が同じであれば月給重視の制度にしてしまうのも一案だ。ところが、一度上げてしまった月給を下げるのは通常難しく、業績が下振れする可能性がある状態では、賞与を人件費コントロールのための調整弁として活用したい。ただし会社側だけにメリットのある制度内容では、その意図自体が従業員のモチベーションを下げることになってしまうので、従業員にもメリットのある制度内容としておく必要がある。それは、設定した目標の達成度合いが一〇〇％以上であれば、あらかじめ定めていた賞与支給額よりも多くもらえるように制度設計することだ。加えてそれは、全員一律ではなく、成果を出した個人により多く配分されるような内容であることが好ましい。

人事評価制度も賞与制度も、どちらも結局はお金に行き着く制度である。「結局は金か」と思うことなかれ。お金の話を差し置いて「仕事は金じゃない」と、従業員に働くことの哲学を語る経営者がいらっしゃるが、そういう方に限って求心力に乏しいと感じるのは、私の勘違いであろうか。

新たな人事制度の導入で、能力や行動と賃金の不整合を解消して不公平感をなくすとともに、優秀な人材をしかるべきポジションに登用し組織活性化を図る。

賞与制度についても、明確に差のつく制度として運用できれば、優秀な従業員たちのモチベーション向上に役立つことは間違いない。

掟その18 集団を組織へとシフトさせる

▼組織であること

「組織」と「集団」の違いは何であろうか？

ひとつ目の答えは「目的」の有無である。共通する目的を持った集団は、おおむね揃って同じ方向に動き出す。これらは経営理念や経営戦略、事業計画といった形で表すことができる。

ふたつ目の答えは「統制」の有無である。首尾よく目的を達成するには、集団を形成する個々の役割や行動方法を定義する必要がある。同時に目的達成には「目標」が必要だ。目的の「的」は最終的に到達すべきゴールを表す。射的の「まと」を思い浮かべればよい。一方、目標の「標」は道標《みちしるべ》の「しるべ」であり、ゴールに達成するまでの中間点であることを表す。目的達成に向けて、中間目標に到達しているかどうかを確認して必要な修正を行わなければならない。そのために「コントロールする」という役割が発生し、するとそこに管理する側とされる側という存在が生じる。そうして集団は、組織へと変わっていく。自社の状況と照らし合わせて「目的」と「統制」がイメージできない場合、おそらくあなたの会社はまだ「集団」なのだろう。君臨するボスがいて、その周りには群れがあって、日々ただ暮らしている。例えるならば動物園のサル山であろうか。

ただし、そこには定期的に餌を用意してくれ、健康管理をしてくれる優しい飼育員はいないし、気まぐれに餌をくれる観客もいない。会社は集団のままでは生きていけない。

▼業務分掌／職務分掌規程・権限規程・稟議制度

ここに列挙するのは、普段あまりその存在意義について気に留めることのないものかもしれないが、集団をコントロールするためのツールとして今一度、意義を確認しておこう。

◆業務分掌／職務分掌規程

業務分掌は職務分掌と同時に考える。時々両方を混同している方がおられるが、業務分掌は「部門」の単位で、職務分掌は役職等「人」の単位で記載する。両者を区別しないと、部署の役割と各人の役割が入り乱れ、結果、責任の所在が曖昧になる。各人に期待されている業務をあらかじめ明確に定義することによって、行動の曖昧さを排除しつつ統制するのである。

◆権限規程

前出の職務分掌規程と権限規程の違いをまず理解しよう。前者は「やること」を「簡潔」に、後者は「できること」を「具体的」に定義する。

特に後継者が目指す自立型組織の実現の観点では、部長・課長の権限規程を明確にしておきたい。なんでもかんでも社長にお伺いを立てるようでは人が育つはずもない。自ら考え判断し、行動することで、少しずつ「自立」の意識が育つのである。ただし責任と権限とがきちんとバランスされている必要がある。

◆稟議《りんぎ》制度

日本の伝統的な決定方式である。最近はこの制度のメリットをあまり論じる方は少ない。多数の決裁者が存在するので、責任の所在が曖昧になる上、意思決定のスピードも遅くなりがちだ。しかも上司が承認しないと、その案はさらに上の上司の目に留まることすらなく、組織にとって価値のある提案でも、直属の上司の意向によって潰されてしまうこともある。複数人の承認をもらうために、各決裁者の指示事項を加筆・修正していたら、まったく別の提案になってしまったという笑い話もある。

なんだかデメリットしかないようなこの制度、要は使いようである。かしこまりすぎずに、提案制度くらいの軽い気持ちで運用すればよい。思いつきの些細なことでもよいが、有用な提案とするために、事前に記載内容（背景・目的・効果・比較・費用・担当・スケジュール・他社事例等）を決めて、提案者自身の頭の中を整理させることがポイントである。

また同時に「稟議を書く」という作業は、自分の「思いつき」を、「提案・企画」に昇華させるためのトレーニングであり、他人に説明し人を巻き込んで説得する、ということを経験する場でもある。現場作業に埋もれて目立たなかった人の新たな一面を見つけることになるかもしれない。その際は、思いがけず将来の幹部候補を見出すことにもつながるだろう。

▼会議体と帳票

集団が組織として変化したことを認識しやすいのは、会議体の整理である。カリスマ社長からの伝達事項を受け身で耳にする集団ではなく、自立的に会議を運営する組織となる。この変化が見られると、経験上、どの会社でも雰囲気が大きく変化することを認識できる。

業務運営に必要な会議を定義（開催頻度、目的、主催者、参加メンバー、利用資料）して、誰にその会議を任せるのかを併せて決める。

一般的に会議の目的は、大まかには、①意思決定、②問題解決、③情報共有・教育、の三つに分類できる。主催者はその目的に合わせて会議を取りまとめる。

また、会議で使う帳票や資料を決めておくことが、会議の有用性を維持させるための条件となる。事実に基づかない議論は時間の無駄でしかなく、無駄だと思い始めると会議は会議のための会議でしかなくなる。そうならないように、事前に社内のデータを収集するなり、必要な帳票や資料を準備することを、主催者は参加者に義務づけておくことも考えたい。

掟その19 従業員の成長を阻害しない

▼レッテル貼りをしない

面白いもので、人は上に立つ立場になると、人の悪い部分が目につくようになる。同時に指導という名目で、その悪い部分を注意または叱りたくなるものである。注意や叱るという行為は感情を表に出しやすい。それが有用なのかどうかは、お互いの関係性によるものであり、正直なところなんとも言えない。

ただし、ひとつだけやってはいけないことがある。それは「レッテル貼り」である。あなたが一回や二回の事象をたまたま目にしたからといって、固定観念で「あの人は〇〇だ」と短絡的に決めつけてはならない。〇〇には、通常言われて嬉しくない否定的な言葉が入る。

事象には様々な背景が絡んでおり、それをきちんと把握しないまま、相手にレッテル貼りをしてしまうと、あなたの人を見る目を疑われてしまい、積み上げてきた求心力を失いかねない。

多様性を認める

自分は守備が好きだからといって守備職人ばかり集めても、それだけでは決して野球チームとして強くなれない。足の速い人、バントの上手い人、ホームランバッター、ムードメーカー等、チームとして機能するには様々なタイプの人間がいるほうがいい。

自分と同じタイプの人ばかりかわいがると、当然、その周りにはそういう人間ばかりが集まってくる（これを同質性という）。すると次第に組織は多様性を失っていき、変化に対応できなくなる。

これから会社を成長させようとする段階において、あなたは、自分とは違うタイプの人間が、会社の成長にとってどう有用なのか、これをしっかり理解した上で「多様性を正しく認める能力」を備える必要がある。

ありがたいお言葉は不要

後継者を取締役や社長に就任させる前から、朝礼や夕礼等の場で従業員の前に立って話をさせる会社を見かける。週に一度ならともかく、毎日というから驚きだ。後継者の思いや考えを共有させるとともに、従業員を教育することが狙いのようだ。それが狙いだとすれば、私はこれを勧めない。

会社の理念、経営方針や経営戦略など重要なことは、日々のコミュニケーションの中で話すほうがいい。ポイントは「短く、シンプルに」話すこと。従業員の頭に当たり前のこととして刷り込むには、何度も何度も「繰り返す」ことが重要である。

掟その20　取締役に恥じない知識を身につける

定款を知る

定款は別名「会社の憲法」とも呼ばれ、そこには会社の根幹を成す決め事が記してある。定款には必ず記載しなければならない事項（絶対的記載事項）、定めがなければその効力が生じない事項(相対的記載事項)、法律の規定に違反しないで自由に記載できる事項(任意的記載事項）がある。ここでは、特に留意しておく事項を解説する。

◆目的

会社がどのような事業を行うのかを列挙する。書き込みできる個数に制限はなく、将来行う予定のある事業を書いておくのもよい。適法性や営利性、具体性を意識して記載するべきである。

◆株式に関する事項

父親の所有する株を承継するにあたり、必ず把握しておくべき内容である。種類株式に関する定めもこの事項に該当し、議決権制限種類株式、取得条項付種類株式などがある。本事項は相対的記載事項であり、会社設立時に準備した定款のままだとすると通常これらの記載はなく、株の承継を意識した時点で、早めに変更準備を進めたい。

◆取締役および取締役会に関する事項

株主総会や監査役等の事項と併せて機関設計と呼ばれる部分である。代表的なものは「株主総会＋取締役会＋監査役」であろう。株式譲渡制限会社では取締役会を置かないことも認められているので、「株主総会＋取締役」という設計も可能である。面倒な手間を省きつつ権限を集中させたいという場合、この設計が適している。

サラリーマンのゴールとして取締役というポジションがあるのは、ひとつの明確な目標となる。自立型組織を目指す場合には、従業員が取締役の座を期待できる機関設計を行ってもよいのではないかと考える。

▼遵守すべき法律、活用すべき法律

法律知識は身につけておいて決して損はないが、現実問題として後継者自ら関係する法律すべてに明るくなるには相当の時間を要するであろう。各法律について、Q＆A形式で書かれた書籍を何冊か揃えておくことをお勧めする。経営者として気になる問題というの

は大抵パターン化されているので、該当する箇所をピックアップすれば、効率的に必要な知識を吸収できる。

もちろん、従業員の誰かに時間をかけて勉強してもらうのでもよい。いずれの方法をとるにしても、法律の中途半端な知識というのは切れない包丁のようなもので、自らを傷つけることになりかねない。法律の専門家にいつでも相談できるよう関係を作っておくことが望ましい。

▼金融機関との関係は対等である

どんなに一生懸命に自社のビジネスの展望を語ってみたところで、金融機関からの信用が高まるわけではない。なぜなら、金融機関との関係はペーパーコミュニケーションだからである。つまり、書類がなければ話にならないのだ。

これまでの取引の中で会社側から提出している資料は、決算書と資金繰り表程度であろう。できることなら、今後の金融機関との関係性をより柔軟にしておくため、「事業計画書」としてその中身をレベルアップさせて提出しておきたい。

金融機関は後継者の教育機関ではないので、手取り足取り、あれこれ教えてくれはしない。彼らと対等に付き合っていくためには、こちらもある程度の理論武装をしておく必要が生じる。

この時期に必要な理論武装としては、決算書や資金繰りだけでなく、事業計画に、①資金使途、②返済財源、③保全に関する内容を追加したい。実は金融機関は、これらの項目も厳しくチェックするのだ。

そういった情報をどう整理すればよいか、そのポイントを次に説明する。

◆金融機関と向き合うために必要な理論武装

①資金使途

お金を使う目的。基本的には前向きな目的である必要がある。設備資金、賞与資金、売上増加による運転資金がそれにあたる。再成長を考えるのであれば、設備投資のタイミングや金額を、「投資計画」として明確にしておきたい。

②返済財源

金融機関にとって重要なのは、貸したお金がきちんと返済されるかどうかである。それを理解してもらうには、根拠のある「返済計画表」を作成することである。基本的には事業から生み出される収益が借入金の返済原資となる。

③保全

金融機関は貸出先企業の決算書に加え、決算書上では評価しづらい定性評価も加えて企業格付けを行い、正常先、要注意先、要管理先、破綻懸念先、実質破綻先、破綻先の六段階のいずれかに分類する。少なくとも要注意先以上に区分されていないと、新規の融資を受けることは無理である。会社の財務状況が悪くなれば、倒産の可能性が上昇し、貸付金が不良債権化するリスクが高まる。そのリスク顕在化に備えるため、金融機関は担保差入れを求めたり、マル保融資（信用保証協会保証付き融資の略称）を提示したりする。

こうした状況になり、慌ててファイリングされたままの金銭消費貸借契約書や登記簿謄本をかき集めてみるものの、「きちんと目を通すのは初めて」という状態になってしまう。

自社の事業用資産や社長の個人資産はどのような担保設定状況であって、どの借入れがプロパー融資で、どの借入れが保証協会付きで……といった情報をもとに図表20、21、22のような表を作成して、保全の状況がわかるように整理しておけば、金融機関の担当者ともスムーズに話ができる。この資料の提出を金融機関から求められることはあまりないとは思うが、自身の整理と理解のためにも作成をお勧めしている。

取締役になるタイミング

入社後二、三年で取締役になる事業承継計画を時たま見かけるが、特段の理由がなければ見直したほうがよい、余裕を持った計画にするのがよいとアドバイスしている。

理由は後継者の求心力にある。率先垂範の姿勢と必死の努力、それに結果が伴ってこそ、そこに求心力が生まれることは、これまで解説してきた通りである。まとまりつつある組織を盤石とするには、後継者の求心力がある程度高まってからの取締役就任が望ましいのではないかと考えている。

取締役の責任という観点からも同様だ。どんなポジションについたとしても、権限と責任のバランスがとれていなければ、その職務遂行はうまくいかない。自分が中心となって

図表20　各金融機関借入状況

（単位：千円）

借入先	証書番号 取引番号	融資日	最終支払予定日	借入額	毎月返済額	借入金利	借入残高 HXX年X月末	連帯保証人 代表取締役	連帯保証人 他（Z氏）	担保その他保証	備考
A銀行	#1111	HXX/XX/XX	HXX/XX/XX	640,000	3,556	1.200%	355,556	○		土地建物根抵当権	設備資金
	#2222	HXX/XX/XX	HXX/XX/XX	150,000	1,250	1.500%	100,000	○	○		運転資金
	#3333	HXX/XX/XX	HXX/XX/XX	60,000	1,000	1.500%	44,000	○		土地建物根抵当権	運転資金
計				850,000	5,806	1.286%	499,556				
B銀行	#4444	HXX/XX/XX	HXX/XX/XX	100,000	833	3.300%	62,500	○		定期預金	設備資金
	#5555	HXX/XX/XX	HXX/XX/XX	80,000	952	1.800%	32,381	○		○○県保証100%	運転資金
計				180,000	1,786	2.788%	94,881				
C信用金庫	#6666	HXX/XX/XX	HXX/XX/XX	15,000	250	1.800%	12,500	○		○○県保証80%	運転資金
計				15,000	250	1.800%	12,500				
合計				1,045,000	7,841	1.532%	606,937				

図表21　担保提供・保証の状況

（単位：千円）

物件名等	所在	地積床面(㎡)	評価額	順位	銀行名	共担目録	極度額債権金額	割付	担保種類
【法人所有資産】									
土地	XXXXX	XXX	120,000	1	A銀行	XXX	600,000	120,000	根抵当
建物	XXXXX	XXX	30,000	1				30,000	根抵当
小計		−	**150,000**					**150,000**	
【代表個人所有資産】									
マンション	YYYYY	YYY	30,000	2	A銀行		30,000	22,000	根抵当
小計		−	**30,000**					**22,000**	

合計	科目別合計			合計	金融機関別集計		
		土地	120,000			A銀行	172,000
		建物	30,000			B銀行	0
		マンション	30,000			C信用金庫	0
		合計	**180,000**			合計	**172,000**

注1　土地及び建物の評価額は、一般的妥当とされる計算方法から簡便的に算出している。HXX年XX月XX日時点
注2　マンションの抵当権第一順位は代表個人の借入金（住宅ローン）である。
注3　マンションについては、固定資産税評価額による数値を採用している。

図表22　取引金融機関別の債権保全状況表

（単位：千円）

物件名等	担保評価額	調査基準日（HXX/XX/XX）時点の保全状況 A銀行	B銀行	C信用金庫	保証協会	合計
a. 有利子負債残高		499,556	94,881	12,500	0	606,937
b. 会社所有不動産による担保						
土地	120,000	120,000	0	0	0	120,000
建物	30,000	30,000	0	0	0	30,000
c. その他資産による担保						
定期預金	20,000	0	20,000	0	0	20,000
d. 個人資産の担保	30,000	22,000	0	0	0	22,000
e. 担保資産合計(=b+c+d)	200,000	172,000	20,000	0	0	192,000
f. 保証協会の保証		0	32,381	12,000	−44,381	0
g. 非保全残高(=a−e−f)		327,556	42,500	500	44,381	414,937
担保+保証による保全率 =(e+f)÷a×100		34.4%	55.2%	96.0%	0.0%	31.6%

業務改善を行い、組織運営のルールを整備した後であれば、自信を持って管理・監督が行えることだろう。

またこの時期、意外なところで重要なことがある。それは「資料の整理」である。特にこれまで社長しか把握していなかった情報（主に文章類）について、保管場所の確認と同時に、自分の手で整理してみる。ファイリングされたものを一度広げて、内容を一つひとつ社長から教えてもらうのがよい。

取締役になったタイミングで、社長とともに外部の関係者へ挨拶回りに伺う方が多いようだが、その際の一番の目的は「信用の継続」に他ならない。事業の継続はもちろん、後継者の人間性、力量もさることながら、意外に忘れがちなのが「情報の引き継ぎ」だ。社長しか知らなかった情報をきちんと引き継いでいるということが、相手の信用を維持するポイントである。

取締役の責任

取締役の責任には、第三者（株主、債権者等）に対する責任と会社に対する責任とがある。

前者は、会社法四百二十九条に「役員等がその職務を行うについて悪意又は重大な過失があったときは、これによって第三者に生じた損害を賠償する責任を負う」と規定されている。「悪意」は当然としても、「重大な過失」の解釈は注意が必要で、「知らなかったとしても本来知るべき事項」については、基本的には過失があると判断される厳しい責任だ。代表取締役のみならず、平取締役であってもこの責任の意味合いは変わらない。会社や社長に万が一の事態が発生した場合は、債権者がこの条文を盾に平取締役の資産から債権回収を図ろうとすることもある。

後者は会社法四百二十三条に「役員等は、その任務を怠ったときは、株式会社に対し、これによって生じた損害を賠償する責任を負う」とある。従業員であれば業務上のミスを犯しても賠償責任を負うことは稀であるが、取締役はそうはいかない。取締役が十分な情報収集を行い、合理的な意思決定の範囲内で誠実に行動した場合、その結果損害をもたらしたとしても責任を問われることはないが、そうでない場合は法的責任を負うことがある、ということになる。

一〇〇％の株式を父親が保有している場合は、そう気にすることはないだろう。

ところが、一部を他の取締役や関係の薄い親族等の第三者が保有していて、こういった株主と経営についての意見を異にしている場合や心情的なしこりがある場合には、いわゆる「お家騒動」が勃発することにもなりかねない。

取締役と会社の関係は委任契約関係である。つまり経営のプロとして取締役は会社運営にあたるのだ。その上で、会社法が定めているのが「善管《ぜんかん》注意義務」と「忠実義務」となる。取締役の仕事として具体的にどういう意味なのか、うまく解説した書籍やウェブサイトをあまり見かけないので、筆者なりの解釈を記載しておく。

◆善管注意義務

「善良なる管理者としての注意義務」の略である。経営レベルの管理者としてこの意味を捉え、その内容を「PDS（Plan,Do,See）」の観点から解説する。

①「Plan」

経営上重要な意思決定を表す。

必要な情報収集・分析を経て、十分な議論・検討を行い、導き出した結論は合理的なものなのか検討するという、一連の流れを確実なものとする。

② 「Do」

意志決定によって決まった内容を確実に執行することを表す。

「決めただけであとは任せた」とはいかないのが、中小企業の取締役である。自らが旗を振りつつ、従業員たちを動かさなくてはならない。

③ 「See」

三つの意味がある。

まず、取締役としては日常の細部をチェックするということではなく、幹部従業員が確実に業務の管理をしているかを監督することのほうが重要な視点となる。つまりチェック者のチェック役だ。

次は、法令違反・定款違反・社内規程違反・社内の不正を対象としたチェックである。未然に防ぐ、あるいは発生した場合の対応の方法、影響を最小限に抑える行動について、事前にルールを定め、必要な手を打っておく必要がある。

最後のチェック対象は「他の取締役」となる。取締役の権限は大きく、なんでもできてしまうような錯覚に陥る。無知がゆえに違法行為を行ってしまったという例もある。その場合でも、会社法四百三十条では役員の連帯責任を定めており「私には関係ない」とは言えない。そういう観点から、他の取締役の職務執行に対する監視が必要となる。

◆忠実義務

会社法三百五十五条に「取締役は、法令及び定款並びに株主総会の決議を遵守し、株式会社のため忠実にその職務を行わなければならない」と定められている。誰に対して忠実であるのか、それは会社と株主ということになる。そのことから、具体的には次のような内容を理解しておきたい。

①利益相反取引

取締役（の身内や友人等含む）と会社間で行われる売買契約、取締役が会社から金銭を借り入れる行為などがこれにあたる。取締役会設置会社では事前に取締役会の承認を受けておけばよい。ただしその承認を受けても、その取引で損害が発生し、なお任務懈怠《けたい》のある場合は責任を負うことは先にも述べた通りだ。

②競業避止《ひし》義務

取締役は、現在委任関係にある会社と似たような事業もしくは競合の関係にある事業を行うことは禁止されている。同時にそういう会社の取締役になってもならない（独占禁止法十三条）とされている。

③株主の権利行使に関する財産上の利益供与の禁止

会社が特定の株主に対して無償で財産上の利益の供与をしたときは、利益を受けた者と連帯して供与した利益に相当する額を支払う責任を負うだけでなく、刑罰も科されることになる。

第5章

再成長のエンジンを創る

正道37歳、取締役就任。自立型組織の完成と、資産承継の準備。

変わるのは自分だけではない

ある夏の晴れた日、正道に突然の訪問客があった。

交換した名刺には、「六坂鋳材　取締役営業部長　六坂藍《あい》」と書いてある。暑い日差しの下、額の汗をハンカチで丁寧に拭く姿が正道の印象に残った。彼女は六坂浩平の長女で後継者であると知った。

「その後継者の方が、今日はどういったご用件で?」

六坂藍は先般の六坂鋳材の対応を陳謝した。その上で、古い慣習が業績悪化の原因になっていること、自身が父親を継ぐために社内の改革を行っていること、小娘の言うことだと思って周りから軽く見られており、なかなかうまくいかないことなどを話した。

「なるほど、実は私も同じ立場です」

「はい。そのことを知って、本日このように。父は悪い人間ではないのですが、最近は業績のよかった昔を引き合いに出すことが多くなってしまって。時代の変化とともに変わらなければならないと思っていても、行動がついてきません。そこで、後継者として、私自身の思いをお客様にきちんとお伝えしたかったのです。もっと信頼される会社になりたい。

昔のように、川口で鋳物の材料といったら六坂鋳材の名を思い浮かべていただけるようにしたい。昨今、海外からの輸入物では材料の品質はなかなか安定しないのが実情です。でもそれをしっかり選別して材質管理しなければ、材料屋としてお客様との信頼関係は成り立たない。従業員にその意識を浸透させて、会社を立て直していきます」

それから小一時間、六坂藍の考える六坂鋳材のビジョンや経営計画について、今後の具体的な取り組みなどを話し込んだ。今後は六坂藍の責任において、すべての納品についてミルシートを提出し、品質を保証するという提案があった。

「わかりました。私も後継者としてあなたと同じような思いで取り組んでいます。私どもとしては、材料の品質が確保される、それに越したことはありません。実は、量が思うように揃えられなくて四苦八苦していました。こんな形でご提案いただけるなんて、頭が下がる思いです」

「一緒に川口の鋳物の火を守っていきましょう」

それから、納品のたびに六坂藍は大鉄鋳造へ足を運んだ。

額に汗するその誠実さは、一度下した自分の「合理的な判断」が近視眼的なものだったと証明するに十分だった。▼掟 その21

正道はまだまだ自分が小さいことに気づかされた。いろいろな経験をするたびに、父親の言葉が染み込んでくる。そういう日々が続いた。

なくてはならない歯車

「最近は少し余裕が出てきたというか、正道さんからそれらしいオーラが漂っていますね」

「黒谷さん、ありがとうございます……で、いいのかな？　自分では何か変わったという実感はないんだけど。でも、おかげさまで予定通りです。なんだかあっという間の九年間でしたよ。会社の雰囲気も、僕が入社した頃とはずいぶんと変わりましたしね」

「変わったのではなく、正道さんが『変えた』のです。努力の賜物ですよ」

正道は少し照れて頭をかいた。

一見したところ何が変わったわけではない。正道が身にまとうのは着古した作業着であったし、正道が座るデスクは、ガタのきたスチールデスクのままだ。同じく、事務所の至る部分が経年劣化しており、もう何年もその様相を変えていない。

一方で明らかに変わったものもあった。事務所を満たす空気というか、それを組織風土と表現すればわかりやすいであろうか、黒谷にもそれは感じ取れた。

その変化は不思議と工場内からも伝わってきた。その工場へとつながるドアに目をやると、ちょうどそのとき三浦が手に数枚の紙を持って入ってきた。事務所にいた黒谷に気づくと、帽子を取って挨拶した。

「打ち合わせ中でしたか。正道さん、後でいいですか？　チーム活動の提案のことで、ちょっと」

正道が取締役になってすぐに始めたのは、「チーム活動」であった。大鉄鋳造のこれまでの取り組みは、どちらかといえばトップダウンに近い形で行われた。正二のワンマン経営とは違うものの、正道と青島ら一部の幹部を中心に検討した内容が改善活動のベースとなっていた。

現場の一人ひとりにも役割と責任を与えてはいたものの、そこに、従業員一人ひとりの自らの意思が入る余地は大きくはなかった。業績が低迷した状態を短い期間で脱するには、荒療治とは言わないまでも、ある程度思い切ったやり方で進めるほうがいい。進むべき方向性を見失っている状態の組織全員の意見など、まとまりようがないからだ。

しかし、今の大鉄鋳造は違う。ほとんどの従業員がしっかりと進むべき方向性を理解している。そのベクトルが揃ってさえいれば、信じて任せられる範囲は格段に広がる。そう思えた正道は、「チーム活動」と称し、従業員全員をランダムに数人単位でくくり、そのメンバー同士で今後は何をすべきかについて議論させることにした。工場のメンバーだけでなく、営業も事務も区別なくチームは編成されたため、普段とは違った視点からの様々な意見が飛び交っていた。評価制度や業務分掌等の組織運営のルールの導入が、セクショナリズム発生のきっかけになってしまうことがあり、チーム活動はそれを回避する策として十分な効果をもたらした。

顧客や市場にどういう価値を提供すべきか、今の大鉄鋳造には、自分の部署や担当業務に縛られることなく、意見を出し合うことができる。その意見を言いっ放しにすることなく、「実現できない理想を掲げるよりも、ほんの些細な進歩を大事に。チーム全員で行動に移し、ひとつでも結果につなげることを大事に」というスローガンを掲げて、チーム活動を継続させていった。すると「私には関係ありません」という言葉が、大鉄鋳造から消えていった。

▼掟その22

三浦がリーダーを務めるチームの提案内容はこうだ。「顧客側の担当者の代替わりが進み、『そもそも鋳物って何?』という声が増えている。鋳物に対する理解がなければその価値もわからず、大鉄鋳造の存在意義も理解されなくなってしまう。それを回避するには顧客の教育が必要であり、そのために先方に出向いて勉強会を開きたい」というものであった。

「三浦さん、すごくいいよ。よくそんなアイデア思いついたね！」

「正道さん、これやらせてもらえませんか？　俺、客先で話してみたいっす。現場にいるだけじゃ気づけないこともあると思うし。それに、いつかのリベンジがしたくって……。俺たちの作る鋳物のよさを、自分の口でちゃんと話したいんですよ！」

手に持っていた数枚の紙は砂で汚れていて、同時にぎっしりとメモが書き込まれていた。

その提案はほどなくして実行に移された。

こうした提案が現場からどんどん寄せられ、正道が社内にいるときは、頻繁に呼び止められた。そのたびに、正道はなぜだか嬉しさがこみ上げた。

「黒谷さん、『自立型組織』って、こういうことでいいんでしょうか？」

「いいと思います」

そのとき、正道はじっと胸が熱くなるのを感じ、顔をそらして、目頭を押さえた。脳裏に浮かんだのは、この数年の間に辞めていった従業員たちのことだ。

「オレは会社の歯車じゃない！」、そう言って辞めた従業員がいた。どんなに向き合っても、距離が縮まらない従業員がいた。正道のやることにことあるごとに反対し、社長に直訴した者もいた。この数年の間に、数人が捨て台詞を吐いて会社を去り、そのたびに正道は自責の念に駆られた。しばらく食事が喉を通らないこともあった。彼らのことは、今でも正道の記憶から消えないでいる。

「ほんとにこれでいいのかなといつも思っていたけど、これでよかったんですね」

「〝歯車〟でいいと思いますよ。会社というのはそもそも、ひとつの大きな目的を達する機械のようなものです。機械は部品で成り立ちます。部品がひとつでも欠けてしまえば、きっと機械として正しく機能することができないでしょう。自分がそのひとつの歯車になって、会社の役に、そしてお客様の役に立っている。そう思えることって、すごく素晴らしいことだと思いますよ」

黒谷にしては珍しく抽象的な話だった。でもその言葉は、なぜか正道の心の傷を癒した。

「ありがとう、黒谷さん」

「正道さん、感傷に浸っている暇はありませんよ。今後のスケジュールを確認しましょうか」

＜再成長のエンジンを創る＞

・掟21　ビジネスパートナーとの関係を強化する
・掟22　「セクショナリズム」という病
・掟23　資産の承継に着手する
・掟24　自社の価値を再定義する
・掟25　新たな成長の方向性を定めて進む
・掟26　社長交代と体制刷新

資産承継の準備は綿密に行う

会議室のホワイトボードには、丸山キリアの書き込んだ、株や事業用資産の承継についての図や数字がぎっしりと並んでいた。ソファーには、正二と正道が難しい表情のままで座っている。

「以前に作られた事業承継計画書では、正道さんが取締役になる数年前から社長になられるまで、『暦年課税制度』を使って少しずつ株式を移し、社長交代の時点で『相続時精算課税制度』の適用を受けて、残りの株式を移動することになっていマス」

アメリカ人を母親に持つハーフの丸山は、日本での生活が長い。それでもときどき、語尾に少しなまりのある話し方をするのが彼の特徴である。

「予定通りこの四年間、株式の生前贈与を行ってきマシタ。その結果、大鉄鋳造の現在の株主構成は次のようになっていマス」

＜大鉄鋳造の株主構成＞

赤星正二：四十六％　赤星裕美　：二％　赤星正道：一七％
赤星正一：二十％　五十嵐専務：一五％

「残りの株式をどう正道さんに集中させていくか、これが今日の議論のテーマデス」

「株の話はなかなかすんなりと頭の中に入ってこないのです……すみません、丸山さん」

困り顔の正道の横で、俺もそうだといわんばかりに正二は首を横に振っていた。

「ダイジョーブデス。みなさんそうなので、気にしないでくだサイ。でも、大事な話なのできっちり理解しマショウ。もうひとつの重要事項である『事業用資産の承継』と併せて説明していきマス。御社の場合、課題は大きく分けて三つありマス」

丸山がホワイトボードに課題を大きく書き出し、番号を振った。

＜大鉄鋳造、資産承継の課題＞

①社長の株を無理なく後継者に移す
②少数株主対策
③事業用資産の承継

「まず①からデス。このポイントは、後継者だからといって当然のように株を引き継げるかというとそうではない、という点デス」

「まあ母は問題にならないとして、問題は正輔兄さんか……。自由気ままな人だから、この先、何を言ってくるかわからないなぁ。父親が入院したときも顔を見せなかったくらいですから」

正道が気にかけている兄・正輔は、フランスに音楽留学した後、そのままほとんど連絡もなく異国の地に居ついてしまい、数年に一度しか日本に戻ってこないでいた。

「このまま正道さんが頑張って会社の業績をよくしていけば、株価が上がりマス。その状態で株式を贈与となると、正輔さんの遺留分《いりゅうぶん》を侵害することもありマス」

丸山は遺留分の意味を説明し、ホワイトボードに具体的な数字を書き込んでみせた。

「遺留分は法定相続分の半分か。ということは赤星家の場合、正輔兄さんの遺留分は八分の一ってことですね。何も貢献しなくても、それだけ持っていかれちゃうのか……」

「では、次は②の少数株主対策デス。具体的には社長のお兄様である正一《しょういち》さんと五十嵐専務の株式をどうするかデス。基本的には、今後の安定的な経営権を確保するという意味で、自社株の三分の二以上は正道さんが単独で保有しておきたいところデス。正道さんと正一さん、それに裕美さんの株を合わせても六十五％デスから、今のままでは少し足りマセン」

「血のつながりのない僕に贈与するわけもないでしょうから、買い取るしかないのかな？」

「それもひとつの方法デスが、必ずそうする必要があるわけではありマセン。株式には経営権と財産権というふたつの側面がありマス。経営への影響という意味では、前者の経営権、具体的には株主総会決議における議決権が重要デス。議決権さえしっかり確保しておけば、経営が脅かされるリスクを小さくすることができマス。そのための方法のひとつに、『種類株式』の活用がありマス」

再び、丸山はホワイトボードにその内容を書き込んで説明した。説明の途中、いろいろな質問を繰り返しているうちに、正道はだんだんと理解が進んできたようであった。

「はい、では話を先に進めマスネ。③の事業用資産についてデス。具体的には工場の土地デス。所有者は会社ではなく正二さんになっていマスヨネ。今の時点では、この土地の資産価値が一番大きくなっていマス。正二さんの個人資産は、資産価値の大きい順に工場土地、自宅、株式、預貯金デス。それぞれこんな感じになっていマス」

＜現在の正二の保有資産＞
工場土地：三億一〇〇〇万円　　自宅　：四〇〇〇万円
自社株式：四〇〇〇万円　　　　預貯金：一〇〇〇万円

「合計で四億円か。となると……さっきの遺留分ってやつ、正輔兄さんの遺留分はいくらになるんだろう。えーと、八分の一だから五〇〇〇万円か」

丸山が、ホワイトボードに残る赤星家の家系図の横にさらに数字を書き込んだ。

「その通りデス。だから先日、正二社長の言われた、『自宅は妻に、正輔には現金を渡す。正道には株と工場土地を渡す』という内容では、確実に正輔さんの遺留分を侵害することになってしまいマス。自宅は妻、株と土地を次男の正道さんに譲りたいという思いを実現するには、遺留分を侵害しないよう、現金に加えて土地の持ち分を共有して相続させることになろうかと思いマス」

「なんだか、想像するだけで面倒そう」

この打ち合わせの最中、正二の表情はずっと硬いままだった。

「それって、今後のことを考えると、なんだかよくない気がしますが……」

「正道さん、その通りなんデス。事業に関係のない人が工場土地の権利を取得してしまった場合のリスクが、いくつか考えられマス。例えば、賃料の大幅な増額要求、第三者への売却、金融機関への担保提供の拒否などデスネ」

「ははは、ありえない話じゃないので、あまり笑えませんが……」

「そういった可能性を否定できないとなると、今回ご提案したいのは、工場土地を事業用不動産として『会社が取得』することデス。会社が正二さんの工場土地を買い取りマス。すると、正二さんの資産は次のように変わりマス」

＜工場土地を手放した場合の、正二の保有資産＞

工場土地：なし　　　　自宅　：四〇〇〇万円
自社株式：四〇〇〇万円　預貯金：三億二〇〇〇万円

「こうすることで、自宅は裕美さんに、自社株式は正道さんに生前贈与しつつ、正輔さんの遺留分に注意しながら、預貯金を相続人の間で分割すれば問題は起きマセン」

「丸山さん、確かにその通りだと思う。けどね、とてもじゃないけど、三億一〇〇〇万なんてお金、今の会社にはないよ」

　正道の頭には常に、会社の資金繰りのことがあった。

「資産承継の際には、民間の金融機関や日本政策金融公庫が資金調達の相談に乗ってくれるはずデス」

「ほう、そういう相談も可能なんですね。知らないことばっかりだ……。他に留意しておく点はありますか？」

「そうデスネ。あと、覚えておいていただきたいのは、遺留分問題を回避するための経営承継円滑化法の民法特例、それに相続税・贈与税の納税猶予制度デス」

　その日は、遅くまで丸山の説明が続いた。

▼掟その23

新たな価値、新たな成長

ずっとモヤモヤしていた資産承継の計画を具体化したことによって、気持ちに多少の余裕が生じた正道は、次なる作業、すなわち今後の事業計画をどう組み立てていくべきか考えていた。

「これまでは、改善によって生み出された利益だった。これからは新しい利益を創らなければならない」

社内の改善プロジェクトを滞りなく完了させ、「カリスマ型経営から組織型経営へ」の転換はなんとか形になった。事業承継としての大きな成果である。

しかし、存在を継続させなければならない組織として会社を考えたときには、それだけでは不十分なのだ。新しい体制でどういう方向性に進んでいくべきか、正道は答えを出さなければならなかった。そのためにまずやるべきことは「自社の『価値』の再定義」であると、黒谷は正道に告げた。▼掟その24

正道は、青島や桃瀬をはじめとする幹部や現場の声を踏まえ、過去に整理した内容に新たな情報を加えてブラッシュアップしていった。

そんな頃だった。最近では外回りを中心にしていて、工場や事務所にあまり顔を見せなくなった正二が、外から戻るやいなや、正道を会議室に引っ張り込んだ。

「郷田鋳造所が厳しい状況のようでな。メインバンクからM&Aの提案を受けたんだ。M&Aの専門会社なるところを引き連れてきて、郷田鋳造所を買いたいという会社の候補を見せられたらしい。それで、その中の一社と話し合いの場を持ったようだ。つい二週間前の話だ」

「組合で郷田の若社長と時折顔を合わせるけど、そんな素振りは全然見せなかったよ」

「お前もまだ甘いところがあるな。会長のオヤジのほうから聞いてきた。息子に任せてから、かなり業績が落ち込んだようだ」

「あれっ、あそこは3D砂型積層工法の導入で、業界紙にも取り上げられていたじゃないか。二億円以上の投資を三年間で回収する見込みだって」

正二が聞いてきたところでは、初めに請け負った大手との仕事以外の受注が思うように進まず、回収が予定通りいかなかったとの話である。

「それはわかったよ。で、そのM&Aの話はどうなったの?」

「破談だ。条件もウマも合わなかったらしい。そもそも鋳物のことがよくわかってないような会社だったみたいだな。さすがに、そんな会社には売りたくないということだ。そこでだ……」

「まさか……うち？」

「ああ、そのまさかだ。内密の相談ということで、オヤジのほうからな」

「うーん、いきなりそんなこと言われてもな」

「俺も、こういう話は直感で判断できかねる。判断はお前に任せる。慎重に検討してみろ」

自分でコントロールできないのが外部環境であり、機会や脅威は突然にやってくることもある。そういった変動要素もうまく取り込んで意思決定しなければ、適切な経営戦略は描けない。正道は、思い込みを捨て、一度ゼロベースで考え直すことにした。

内外環境分析、SWOT分析、STP分析、ファイブフォース分析、バリューチェーン分析、マーケティングミックス等、黒谷から教わったフレームワークをフル活用して、自分の考え方を整理してみた。事の大きさゆえに、再び黒谷にも相談することとなった。

「いつまでも黒谷さんに頼ってばかりではダメだと思って、今後の成長戦略を自分なりに整理してみたんだけど」

テーブルの上に広げた用紙には、手書きでぎっしりと文字や図表が並んでいた。

「そうしたら、突然、そんなM&A話が舞い込んできて、どうしたものかと……」

「M＆Aはただのツールと考えればいいのでは？」

黒谷はそう言って、重なる書類の山から一枚を取り出して、ひとつの図を指差した。

「市場と製品の軸で、既にきちんと整理されているようですが？」

「えーっと……」

正道は、今後の成長戦略の骨子を既に考えていた。自分の考えを再確認して整理するため、黒谷に説明した。

「これまでの業績回復は、この部分で実現したといえます。つまり、既存顧客に既存製品を売り込む戦略です。ここです」

正道は自分で書いた図の中の、「市場浸透戦略」と書かれた部分を示した。

「鋼材から鋳物へ、溶接構造物から鋳物へといった置き換え提案を強化したことによって、既存顧客との取引拡大に成功したわけです。今後もこの手法を維持することはもちろんですが、掘り起こしには限界があります。そこで考えたのは、他のマトリクスである『市場開拓戦略』と『商品開発戦略』です」

そこまで一気に話して、黒谷のほうをチラッと見た。

「ええ、大丈夫です。続けてください」

「まず『市場開拓戦略』です。新規顧客開拓は置き換え提案が突破口になります。鋳物のよさを理解してもらえれば可能性は小さくありません。けれども、通常は変更することのリスクや手間を避けたがる方がほとんどです。既存顧客の場合は信用もあるので、かなりの確率で受注となるのですが、新規顧客はそうは簡単にはいきません」

「次も聞かせてください」

「はい、次に『商品開発戦略』です。これは、既存顧客に新たな製品を提供する戦略ですね。うちの場合、常にいろいろなジャンルの製品を取り扱いますから、新たな製品というより、新たな技術と表現したほうがわかりやすいです。例えば、川崎鋳造のように発泡スチロール型を使って鋳物を作るフルモールド法の採用や、郷田鋳造所が取り組んでいる3D砂型積層工法などが、それにあたります。設備投資が必要ですし、新たな技術を学ぶ必要がありますが、製造コストの低減や納期短縮を実現できるメリットがあります。これによって競争力を高め、既存顧客との取引安定化を期待できます」

「よく整理できていると思いますよ。ところで、単純にM&Aをするかしないかで悩んだら、極めて難しい意思決定になってしまいます。このマトリクスに従って、郷田鋳造所のM&Aを整理してみたらどうなりますか？」

「そうですね……」

そう言いながら、正道は顎に手を当ててひげを撫でた。

「顧客基盤を獲得できます」

「その顧客は、大鉄鋳造にとって『新規顧客』ではなくなりますよね？」

黒谷の指摘に、正道はハッとした。

「そうか！　その顧客に対して置き換え提案をすれば、さらなる受注量拡大が期待できる！」

「郷田鋳造所と一緒になることで、他にもっと期待できることはありますか？　例えばこの『商品開発戦略』としてなんて、どうでしょう」

「3D砂型積層工法を、大鉄鋳造の顧客に提案できる！」

正道は大きな気づきを得たようであった。▼掟その25
「正道さん、『郷田鋳造所の持っている資源をどう活用できそうか』という点で、もう一度、この検討資料をブラッシュアップしてみてはいかがですか？　戦略の実現には、『自社単独でやる』という方法と『他人の資源を使ってやる』という方法のふたつがあります。その点のメリット、デメリットを踏まえて整理すれば、郷田鋳造所のM&Aについて、おのずと答えを出せるのではないでしょうか」

正道は郷田鋳造所のM＆Aに興味を持ち、検討を進める場合の今後の流れについて、黒谷から説明を受けた。

正道を中心に大鉄鋳造の社内で検討を重ね、二か月後には新たな事業計画ができあがった。そこには、新たな成長の方向性を定めるための戦略案として三つの案が書かれており、評価結果として、M＆Aによる戦略実行案が一番高い点数をつけていた。

「よし、わかった」

最終的には、正道の覚悟を確認した正二の一言で、検討をさらに進めることになった。


場所は赤坂の料亭にて。正二と正道、それに郷田鋳造所の会長である郷田泰造《ごうだたいぞう》、息子である現社長の郷田武志《たけし》の四人が集まっていた。

「本当に情けない。私がもう少し若ければ、踏ん張りがきいたものを。この馬鹿息子が無茶な経営を進めたばかりに、この有様ですわ」

郷田泰造は、赤字が続いて債務超過に陥ったこの十年間を振り返った。かたわらでは、現社長である郷田武志がほとんど口を開かず、料理にもほとんど手をつけないでいた。その手が小刻みに震えているのを、正道は見逃さなかった。

「オヤジがオレのことを半人前扱いして、いつまでも権限を握ろうとした結果だよ」

やっと口を開いたその内容に、場の空気は一変した。しばらく、売り言葉に買い言葉が飛び交い、正二と正道は黙るより他なかった。

「オレはもっと営業体制を強化したかったんだ！　鋳物は尻すぼみの市場なんだ。今までと同じことをしていて、業績が回復するわけないだろう！　それをなんだ。あれこれ朝令暮改で現場をかき回しやがって。現場がどっち向いて仕事していいかわからなくなっちまうだろう」

「なにっ？　お前は頭でっかちで、数字や帳簿だけ見て現場にあれこれ指示を出しおって。そんなやり方で、人がついてくるわけなかろうが！　それに、絶対成功させると意気込んで投資したあの設備はなんだ。二億も無駄にしやがって」

「……まあまあ、お二人とも。今日のお話に戻しませんか？」

再び口論となりかけたところで、個室に正二の低い声が響いた。

「失礼しました、赤星さん。それでは……」

落ち着きを取り戻した二人は、改めて会社売却の意思を伝えた。会長、社長両者の思いは共通していた。従業員の雇用を確保したい、取引先に迷惑をかけたくない。その二点であった。

料亭を後にし、最寄りの駅までの雑踏の中で、正二が口にした。

「正道を後継者に選んでよかった。お前を誇りに思うよ」

「なんだよ、いきなり。酔ってるのか？」

「いや、酒はほとんど口にしてない。体によくないからな……」

「ああ、大事にしてくれよ。昔、脳溢血で倒れて、数か月以内に脳梗塞を発症するかもと医者に言われたときは、どうなることかと思ったよ」

少し後ろを歩く正二が立ち止まった。

正道は行き交う人ごみの中、後ろを振り返った。

「どうした、父さん？」

「そろそろお前、社長をやれ」

社長就任

新たな成長の方向性が明確になり、いよいよそのときが来た。正二はそう心に決めた。

社内は既に正道を実質的なリーダーとした体制で動き出している。年のいった古株のうち、実力や貢献度の割には報酬が高止まりしていた者も、新人事制度により、年々等級を下げ、報酬もそれなりに下がっていった。あとは本人が身の振り方を判断するだろう。

残る心配は、専務の五十嵐である。

特にここ二、三年は、正道との意見の対立が多くなっていた。現場をかき回すようなことをしないだけでもよしとしたいところではあるが、五十嵐に気を遣って物事がスムーズに進まないことがある。

常々「粘り強く五十嵐さんを説得する」と正道は言ってはいるものの、それはもはや経営視点での議論ではなく、五十嵐との感情的対立に過ぎないことを、正二は感じていた。

「（あいつも年をとったな……）」

「相変わらずうまいなぁ、この天丼。昔から変わらん味だ」

「そうだな。しかもわしらの年でも胃がもたれない」

組合の会合に出席した二人は、その帰り道、馴染みの定食屋で昼休みをとっていた。

「五十嵐。俺はそろそろ身を引こうと思う」

五十嵐は、熱いお茶を少しすすって湯呑を静かに置いた。少しの間があった。

「俺ももう六十八だ。約束の年まであと二年あるが、あとは正道に任せようと思う」

「そうか」

「お前はどうする？　あと一年で七十だ。最後までやるか？」

五十嵐は椅子の背もたれに寄りかかって腕を組み、ふぅっと息を吐いた。一度、窓の外を見つめた後、少しの間、目を閉じていた。

「わしの考えは、ずいぶんと時代に合わなくなったもんだな……。返事は少しだけ時間をくれ」

翌週、五十嵐は正二に辞表を提出した。

正道は突然のことに驚いたが、五十嵐と話す時間をなかなか作れないでいた。通常の業務はもちろんのこと、郷田鋳造所での資料確認、ヒアリングと多忙を極めていた。

調査の結果、郷田鋳造所のM&Aは、大鉄鋳造にとって有意義なものになると判明した。一方で、高止まりする固定費、売掛金の焦げつき、過去の係争事件による簿外債務の存在、それに過大な負債を抱えているなどの問題点も明らかになった。

これらの結果を踏まえて十分に検討した結果、M&Aのスキームとしては、郷田鋳造所から優良事業部分の譲渡を受ける形を採用することとなった。譲渡を受ける事業に必要な人材のみ雇用するという結論に、郷田泰造・武志は難色を示したが、最終的にはやむなしとして、合意に至った。実行は半年後とした。

その年は、平年に比べて少し寒かった。事務所の向かいにある公園では、色寂しい桜の木の花芽が開花を待っているようだった。

三月末、大鉄鋳造は決算を迎え、正二は代表の座を降りることとなった。そのとき、正二が正道に伝えた言葉はシンプルなものだった。

「お前のゴールはここじゃない。いいな?」

翌四月、正道を代表取締役とした新体制がスタートした。

▼掟その26

常に正道を支えてきた青島は工場担当の取締役に就任し、大鉄鋳造の自立型組織実現に大きく貢献した桃瀬は管理担当の取締役に抜擢された。その他、年齢や勤続年数に関係なく、大鉄鋳造の変革に貢献し、今後の成長に必要な人材が最適なポジションに据えられた。正二は郷田鋳造所のM＆Aが落ち着くまでの二、三年の間、代表権のない会長職に留まることとした。

三か月後には、新たに二十人の従業員が、郷田鋳造所から仲間に加わる。さらにいくつかの設備も移転させることになり、工場内の新しい設備配置案では、事務所のスペースにも設備を設置せざるをえない。そのため、近隣ビルの一室を事務所として利用することとなり、桃瀬がその仕事を取り仕切っていた。

「社長、社長っ！」

「ん？　あ、僕か」

「ん？　じゃないですよ。もちろん正道さんのことです」

「なんかしっくりこないね。それよりこの間の図面、直してくれた？　社長室はいらないよ」

「社長室は役員会議などを行う場所も兼ねます。それに社長、これからもっと会社を大きくしていくんですよね？　社長室くらいないとカッコがつきませんよ」

「そういうものかな。わかった、任せるよ」

みんなが忙しく、そして生き生きと動いている。

公園の桜は満開になって、次の季節の訪れを知らせてくれた。

掟その21 ビジネスパートナーとの関係を強化する

▼事業の価値は自社単独では成立しない

後継者へと代替わりする中で、仕入先や外注先をも刷新しようとするケースがあるが、これは慎重に意思決定したい。

自社の業務プロセス全体で考えてみれば、仕入先や外注先はひとつの機能であって、本来そこに上下の関係は存在しない。お互いが対等の関係（ビジネスパートナー）である。ある従業員が気に入らない、ミスをしたからといってすぐにクビにすることはないだろう。指導し、教育して成長させていく。それが経験値となりノウハウとなる。それは仕入先や外注先も同じことではなかろうか。仕入先や外注先との関係は、契約やルールで縛ればトラブルを回避できるかというとそうではない。両者の間に発生する問題をひとつずつ解消することで、少しずつ信頼関係が生まれる。

ミスやトラブルのたびに「新しい業者を見つけてきて変えればいい」ということでは、

いつまでたっても仕入先や外注先の関与する業務プロセスの部分がよくなっていくことはない。大切なことは、ミスやトラブルをきちんと是正できる会社かどうかを見極めることである。

一緒に成長できるビジネスパートナーは誰か？

その企業は、もしかすると、過去の成功に縛られ、時代や環境の変化に対応できないでいるかもしれない。こちら側が変革に挑戦している最中、ビジネスパートナーに求める取引条件にも変化が生まれることもある。お互いに対等の関係なのだから、必要があれば相手にそれを求めるのは当然だ。

ところが、旧態依然とした組織風土の会社では、こちらの要求に対し「それはできない」「経験がない」という後ろ向きの言葉が増えてくることもあるだろう。

そこであなたには、ビジネスパートナーを今一度正しく評価する目が求められる。程度や頻度にもよるが、ミスやトラブルが発生すること自体は問題ではない。

◆ビジネスパートナー選択の視点

・発生したミスやトラブルにどういった対応を見せるか？　適切な対応を行えるか？
・苦労を分かち合い、今後も信頼関係を構築していけそうか？
・時代や環境に合わせて、何をすべきか、どう変わるかを前向きに考えられるか？

この三つの点をしっかりと見極めて、今後のビジネスパートナーとしてふさわしいかどうかを判断しなければならない。

掟その22 「セクショナリズム」という病

▼自立型組織の完成

職務分掌や権限規程を整備し、部門の目標、従業員一人ひとりのミッションを具体化してきた。これらの制度と連動した人事評価や賃金制度の正しい運用は、従業員個々の意識の変化をもたらしたものと思う。

一方、この運用を厳格にすればするほど、自分の目標に集中するあまり、弊害を生じることもある。それは組織として成長する過程で生じる病＝セクショナリズムだ。

病気であれば治療すればよいという考えもあるが、それよりも予防のほうが重要である。セクショナリズムは縄張り主義、排他主義、つまり部門の壁という意味であるから、部門長、つまり部長や課長に発生する病である。この病の原因である「主義」がどう発生してしまうのかを知れば、その対策を考えることはさほど難しいことではない。

セクショナリズムに陥ってしまう従業員のほとんどは、自分の持ち場の情報しか持たず、同時に自分の持ち場でしか評価されない制度に縛られている。情報の壁と制度の壁に挟まれてしまっているのだ。この壁を取り除いてやることが、セクショナリズム病の予防方法である。その方法は、**図表23**のようにいくつかあるので、自社の状況に合わせて採用を検討してほしい。

時間の使い方を変える

図表23　セクショナリズムの予防方法

チーム活動（プロジェクト活動、委員会活動など）
部門を横断する特定テーマに共同して取り組む場を設ける。その貢献内容は人事考課の評価対象項目にする。

プロジェクト組織
部門間の意見が対立しそうな取り組みについては、暫定的に組織を作って必要な要員をアサインする。立場は違えども、同じチームのメンバーとして課題解決にあたらせる。

部門長の定期異動
部長・課長クラスを社内で異動させ、関連する部署の責任ある立場を一定期間経験させる。

情報共有
各部門の主要活動について、活動のプロセスの要点を定期的に全体で情報共有する。問題が生じるおそれのある段階から、関係部署間で問題解決の議論を一緒に行う。

インフォーマルな活動（クラブ活動、全社自由参加イベントなど）
仕事や立場を離れて一緒に楽しめる、行動できる場を設ける。

あなたが一週間不在にしたら、業務は滞るだろうか？

答えがNOだということであれば、それは順調にあなたの経営承継が進んでいる証拠である。あなたが手足を動かさなくても仕事が滞りなく進むことは、自立型組織構築にあたり、ひとつの到達点としてよい。

この状態になれば、あなた自身は、これまでとは違った時間の使い方をすることができる。現場のことは幹部と従業員にある程度任せ、いよいよ中長期的な視点から会社の成長について考えていきたい。つまり、資産承継、中長期的な成長戦略のふたつを具体化していくことに時間を費やす時期である。

掟その23　資産の承継に着手する

▼なぜ、資産承継対策を行うのか？

中小企業の多くは、経営者が自社株の大半を保有している「オーナー企業」である。同時に家屋や土地などの経営者個人の資産を会社の事業に投入しているケースも多い。

こういった企業にとっては、株や事業用資産を後継者にいかにしてうまく引き継ぐか、つまり「資産承継」が重大な課題となる。

資産承継の検討をする際、問題として挙がる例としては、経営権の分散、思いがけぬ高額の税金負担、相続財産を巡っての相続トラブルなどがある。このような問題を生じさせないためには、まず父親である現社長の意思が明瞭であることが必要だ。そのためには、社長の生前に、なるべく早い段階から対策を打たなければならない。本書では、承継する資産を、「自社株」と「事業用資産」として話を進めることにする。

自社株式の承継

まず自社株式の承継について解説する。株式会社の株主はそれぞれの持ち株数に応じた一定の持分割合で権利を有している。代表的なものが「議決権」である（**図表24**）。議決権の過半数の賛成があれば、取締役の選任や報酬の決定などの普通決議が可決できる。議決権の三分の二以上の賛成があれば、定款の変更や事業譲渡、監査役の解任など、特別決議を可決できる。このことから、三分の二以上の議決権を保有していれば、株主一人でも特別決議を可決できるため、実質的に会社の経営権を安定して握ることが可能である。父親からの承継だけでなく、父親以外の株主から株式を集約させる方法も併せて考えておく必要がある。

まずは父親からの引き継ぎ方法である。その方法には、①売買、②生前贈与、③相続・遺贈の三つがある。それぞれの特徴を**図表25**に示した。

買い手に購入資金が不要という点と、父親の生前に整理できるという点で、②の生前贈与は外せない方法となっている。後継者が大きな資金を用意することなく、社長の生前に権利を移転するため、確実性が高いという点で、生前贈与は自社株式承継の中心となるだろう。

図表24　株主総会の決議の種類、決議事項（取締役会設置会社の場合）

	定足数	決議要件	主な決議事項
普通決議	議決権の過半数を有する株主の出席	出席株主の議決権の過半数の賛成	・自己株式の取得 ・役員の選任と解任 ・役員の報酬 ・計算書類の承認 ・資本金の額の増加 ・剰余金の配当
特別決議	議決権の過半数を有する株主の出席	出席株主の議決権の３分の２以上の賛成	・譲渡制限株式の買取 ・特定株主からの自己株式の取得 ・全部取得条項付種類株式の取得 ・譲渡制限株主の相続人に対する売渡請求 ・監査役の解任 ・役員の責任の一部免除 ・資本金の額の減少 ・定款の変更 ・組織再編（合併、会社分割等）の承認
特殊決議	なし	議決権行使可能な株主数の半数以上かつ、その株主の議決権の３分の２以上の賛成	・全部の株式を譲渡制限とする定款の変更
特殊決議	なし	総株主の半数以上かつ、総株主の議決権の４分の３以上の賛成	・株主ごとに異なる取扱いを行う旨の定款変更
特殊決議	株主全員		・発起人および役員等の責任の全部の免除

図表25　自社株式を引き継ぐ３つの方法とその特徴

	①売買	②生前贈与	③相続・遺贈
いつ	時期を選択できる	時期を選択できる	時期を選択できない
誰に	誰でもＯＫ	誰でもＯＫ	相続人に限る（相続） 誰でもＯＫ（遺贈）
関連税	所得税	贈与税	相続税、または贈与税
関連税制	特になし	税負担の軽減制度がある	税負担の軽減制度がある
資金負担	買い手には購入資金が必要	不要	不要
遺留分	問題は生じない	遺留分の問題が生じることがある	遺留分の問題が生じることがある

ところが、一度にまとめて贈与してしまうと、税負担が重くなる可能性がある。この問題を回避するため「暦年課税制度」と「相続時精算課税制度」を知っておく必要がある。

◆暦年課税制度

後継者が、一月一日から十二月三十一日までの一年間に贈与を受けた財産（自社株式）の合計額から、基礎控除額の一一〇万円を差し引いた残額に課税（超過累進税率）される。一年間に受けた贈与の合計額が一一〇万円以下なら贈与税はかからず、贈与税の申告も不要。ただし、相続開始前三年以内に贈与された資産は、相続財産に加算され、相続税が課税される。

◆相続時精算課税制度

原則として六十歳以上の父（父母または祖父母）から、二十歳以上の後継者（推定相続人である子または孫）に対して財産を贈与した場合に選択できる贈与税の制度である。

この制度の適用を税務署に届け出ることで、累積で二五〇〇万円まで贈与税がかからず、この額を超えた額に対してだけ一律二十％の贈与税がかかる。この制度を一度選択すると、それ以降のすべてに適用され、暦年課税へ変更することができない。したがって、なるべく後継者が確定した段階から毎年コツコツと暦年贈与で株式を贈与し、株式の評価額が下がった時点で、相続時精算課税制度を適用して、まとまった株式を贈与する方法が考えられる。

では、肝心の自社株式の価値はどう決まるのか。評価方法の詳細については他に多くの良書があるのでそちらに譲ることにして、ここではポイントを簡単に説明しておくことにする。

オーナー型の非上場会社の株式は、その株式の取得先が、①オーナー一族か、②そうでないかで、評価方法に関する税法上の決まりに違いがある。①の場合は「原則的評価方式」、②の場合は「特例的評価方式（配当還元方式）」という方式が適用される。

本書で想定する資産承継のケースはオーナー会社なので、以降①についてその内容を補足する。

原則的には、「類似業種比準価額」と「純資産価額」のふたつの評価額を用いて評価する。会社規模によってその計算方式が異なり、会社規模は、業種、純資産価額、従業員数、取引金額によって決まる。「類似業種比準価額」は、評価対象会社と類似する業種の上場会社の株価、配当、利益、純資産をもとに評価額を算定する。一方、「純資産価額」は、その会社の課税時期における資産、負債を時価評価（相続税評価）した評価額を株式の評価額とする。

この計算方式では、自社の株価は類似する業種の上場企業株価とおおむね連動する。つまり、上場企業の株価が下がるようなタイミングで株式を贈与すれば、負担を抑えることができる。

また、計算において利益の額には他の要素に比べて三倍のウェートがあり、ある事業年度において利益が著しく下がった場合には株価も下がることになる。このことから、役員退職金の支給、不良在庫の処分や焦げついた売掛金の処理による損金計上、時価が簿価を下回る資産の売却による含み損の実現、損金算入可能な生命保険へ加入するなどの方法が、すなわち、株価の引き下げ対策として有効である。

▼種類株式の活用

次に、父親以外が保有する株式をいかに集約させるかについて、簡単に解説する。

まずは「種類株式」について理解しておきたい。種類株式とは、議決権や配当の受け取

図表26　9つの種類株式とその内容

	種類株式	内　容
1	剰余金配当優先株式	剰余金の配当を優先的(劣後的)に受ける
2	残余財産分配優先株式	会社を清算したときに、優先的(劣後的)に残余財産分配を受ける
3	議決権制限株式	株主総会の全部または一部について議決権を行使できない
4	譲渡制限株式	株式を譲渡する際、取締役会または株主総会の承認を必要とする
5	取得請求権付株式	株主が会社に対して、その株式の取得を請求できる
6	取得条項付株式	一定の事由が生じたときに、会社がこの株式を取得できる
7	拒否権付株式	特定の事項につき株主に拒否権を持たせる。いわゆる「黄金株」
8	全部取得条項付株式	株主総会の決議で会社がこの株式をすべて取得できる
9	取締役・監査役選任権付株式	この株式を持つ株主の種類株主総会において、取締役や監査役を選ぶことができる

りについて、通常の株式とは異なる扱いをするもので、会社法では図表26のように九つの種類株式が認められている。

まだ後継者に全部を任せるのが不安な場合、黄金株とも呼ばれる「拒否権付株式」を使って影響力を残しておくなど、事業承継の際にも有用なものがある。そのような種類株式について、ここでは父親以外の少数株主対策という点から、この種類株式の利用を考える。

少数株主とは、総議決権の一定割合または一定数の議決権などを有する株主のことを表し、中小のオーナー企業であれば、「父親の兄弟姉妹等身内」「創業時に関係のあった取引先」「古参の役員」等の存在が考えられる。少数株主には法律上定められた権利が認められている。

少数株主と後継者の関係によっては、父親が経営を行っていた頃は問題にならず、後継者が継いだ後に想像もしていなかったようなトラブルが生じる可能性がある。特に、感情のもつれから生じる、無益な株主代表訴訟、計算書類等の閲覧請求などは、金銭的なダメージの有無に関わらず、円滑な経営が妨げられることになる。

これを回避するためには、少数株主の株式をすべて後継者が買い取ってしまうことが理想である。だが、買い取りには株価についての合意が必要で、当事者間ではうまくまとまらないこともあり、最終的には裁判所の関与が必要となる。また後継者が買い取り資金を用意する必要があり、これはこれで大きな課題であろう。

現実問題として、一〇〇％の経営権を取得できない場合は、次の手法、すなわち種類株式の活用を検討する。例として、その手順を簡単に記す。

◆種類株式を利用した少数株主対策

①現在の定款に株式の譲渡制限の条項がなければ、すべての株式に譲渡制限をつける。
②定款に「発行する種類株式の内容」と「発行可能種類株式総数」を定めて登記する。
③少数株主と（場合によっては父親が）交渉（保有する株式を議決権制限株式および取

得条項付株式に変更）を行い、交渉内容について同意を得て合意書を交わす。

議決権制限株式への変更は「あなたの株では議決権を行使できない」ということである し、取得条件付株式への変更は、「（一例として）あなたの相続が発生したときには会社が株を買い取る」ということである。この変更内容は会社側に都合のよいものであるから、交渉材料として優先配当を行うといったことも考えられる。

実際の交渉は手間がかかるかもしれないが、経営権の安定化を図るには、避けて通れない作業となる。

▼経営承継円滑化法の民法特例

業績いかんで高額になる自社株を後継者に集中させる場合、他の相続人の遺留分を侵害してしまうことが十分に予想される。遺留分を侵害された相続人が「遺留分の減殺《げんさい》請求」の手続きを取り、遺留分に相当する財産の返還を求める可能性もあり、自社株式の分散が懸念される。

この問題の対応策として、経営承継円滑化法では、自社株式を遺留分の対象から外す「除外合意」と相続時の自社株式の評価額を贈与時点の価額に固定する「固定合意」のふたつの特例を規定している。

この特例に係る合意をする際の要件を満たせば、後継者にスムーズに資産を承継するという点で大きなメリットを享受できる。本特例を利用するためには、当事者全員（遺留分を有する推定相続人全員）で合意をし、それを合意書として経済産業大臣の確認を受け、最終的に家庭裁判所の許可を受ける必要がある。

相続税・贈与税の納税猶予制度

相続によって、経営承継円滑化法に基づき経済産業大臣の認定を受ける非上場株式を後継者が取得した場合、その株式（一定部分に限られる）に係る課税価格の八十％に対応する相続税の納税が猶予される。また贈与の場合は、後継者が取得した場合、その株式（一定部分に限られる）に対応する贈与税の納税が猶予される。

この納税猶予を受けるには、現経営者（被相続人）、後継者（相続人）、対象会社、事業継続期間、雇用それぞれについていくつかの要件がある。この要件を満たさなくなった場合は、猶予された税額をすべて納付しなければならなくなってしまう。よって、本制度を利用する場合、事業承継計画を策定する段階から、何年か先を見据えてプランニングをしておく必要がある。

事業用資産の承継

まず、事業用の資産を父親が保有し続けることのリスクを理解されたい。土地や家屋も、父親の生前に何も対策を打たなければ、株式と同様、所有者が分散していく。

例えば土地の場合は、それぞれの持分を分割して「共有」という形で所有することになる。使用は持分の割合に応じてしなければならず、処分には共有者全員の同意が必要である。後継者以外の所有者が必ずしも会社のためを考えた判断をするとは限らないため、不便が生じることも想定される。

通常は、遺産分割の際に土地を分筆《ぶんぴつ》する。分筆というのは、一筆の土地として登記されている土地を分割して、それぞれの土地を一筆の土地として登記することで、それぞれが単独所有する形のことを表す。ところがこれは、そもそも工場や事業に必要な施設がその土地の上にあるのだから、問題が生じることは想像にたやすい。

◆経営に無関係な所有者が事業用不動産を保有する場合のリスク

・賃料の大幅な増額要求
・第三者への売却
・金融機関への担保提供の拒否

このようなリスクの顕在化は、経営にとって無視できない影響を及ぼす。

この問題を回避するための考え方としては、父親が保有する事業用不動産を、①後継者が取得する方法と、②会社が取得する方法のどちらかである。

赤字が続いた結果などで自社株の価値が下がっていたとしても、家屋や土地の価値が同じように下がるわけではない。父親の個人資産のうち、この事業用資産の価値が一番大きいことも十分に考えられる。となると、買い取り資金の確保など次なる課題が現実となる。

また、後継者が取得するとなると将来的には同様の問題を生じることになる。したがって、事業用資産を会社が取得する方法（②）が最適解となるケースも多い。

では、会社が買い取るにしても、多額のキャッシュアウトは資金繰りが窮することにつながるので、少なくとも長期返済にする必要がある。同じ長期返済にするのであれば、法人として金融機関から買い取り資金を調達することを検討してみてもよい。

▼資産承継の際の資金調達方法

経営承継の前後で赤字が続いているようであれば、そもそも株価は高額になっていないことも考えられる。その場合は、これまで紹介した手法を用いて、必要な株式をすべて後継者へ集中できることもあるだろう。しかし、業績回復が早い段階から進む場合は、株価が思った以上に高額になることも十分に考えられる。

事業用資産の買い取りも含めて、資産承継の際に必ずといってよいほど話題にのぼる資金調達方法について知っておくことも必要である（**図表27**）。

日本政策金融公庫の低利融資、信用保証の別枠の活用、投資育成会社の利用については、制度の内容をよく理解した上で、資金調達の選択肢にするのもよい。

図表27　資産承継における資金調達の方法

1．日本政策金融公庫・沖縄振興開発金融公庫の低利融資

＜融資が受けられる場合＞	
1	会社または個人事業主が、後継者不在などにより事業継続が困難となっている会社から、事業や株式の譲渡などにより事業を承継する場合
2	会社が株主から自社株式や事業用資産を買い取る場合
3	後継者である個人事業主が、事業用資産を買い取る場合
4	経営承継円滑化法に基づく認定を受けた会社の代表者個人が、自社株式や事業用資産の買い取りや、相続税や贈与税の納税などを行う場合

2．信用保証（信用保証協会）

経営承継円滑化法に基づく認定を得た会社および個人事業主が、事業承継に関する資金を金融機関から借り入れる場合には、信用保証協会の通常の保証枠とは別枠が用意されている。

通常	別枠
2億円（普通保険）	左記　+2億円
8,000万円（無担保保険）	左記　+8,000万円
1,250万円（特別小口保険）	左記　+1,250万円

3．投資育成会社の利用

長期安定株主として次世代の経営者の経営体制も引き続きバックアップを行い、円滑な事業承継の支援を行う。原則として中長期の保有を前提とした投資を行うため、基本的には安定株主となる。

＜投資育成会社利用のメリット（株価引き下げ、安定した経営支配）＞	
1．オーナー社長の持株比率が高い場合	投資育成会社へ新株の割当てを行うことで発行済株式数が増加する。オーナー社長の持株比率が下がることで、自社株の移動が行いやすくなる
2．社長（および後継者）の持株比率が低い場合	投資育成会社は経営支配を目的とせずに経営陣を支える株主となるので、持株比率の低い社長（および後継者）の経営が円滑に行うことができる

掟その24 自社の価値を再定義する

▼戦略キャンバスの活用

「ブルーオーシャン戦略」を知識としてご存じの方は、図表28の上のようなグラフをおそらく目にしていることだろう。かつてゲーム業界で圧倒的な存在感を見せていたソニーのプレイステーションを押しのけ、なぜ任天堂のＷｉｉが成功を収めることができたのか、その理由を理解するための分析ツールで、「戦略キャンバス」と呼ばれている。競争相手と差別化要素について真っ向から競うのではなく、価値を〝ずらす〟ことで新たな市場を生み出すことができる例として、しばしば挙げられる。

この分析ツールの使い方は、まず業界の中で通常考えられる差別化要素を列挙して、競争相手との比較を行い、次に顧客を意識しながら各要素を①取り除く、②減らす、③増やす、④加えるの四つの考え方に分類する。これによって、自社の事業や商品について、競争相手とは異なる新たな価値を見い出していく。

図表28　自社の事業価値の見直し

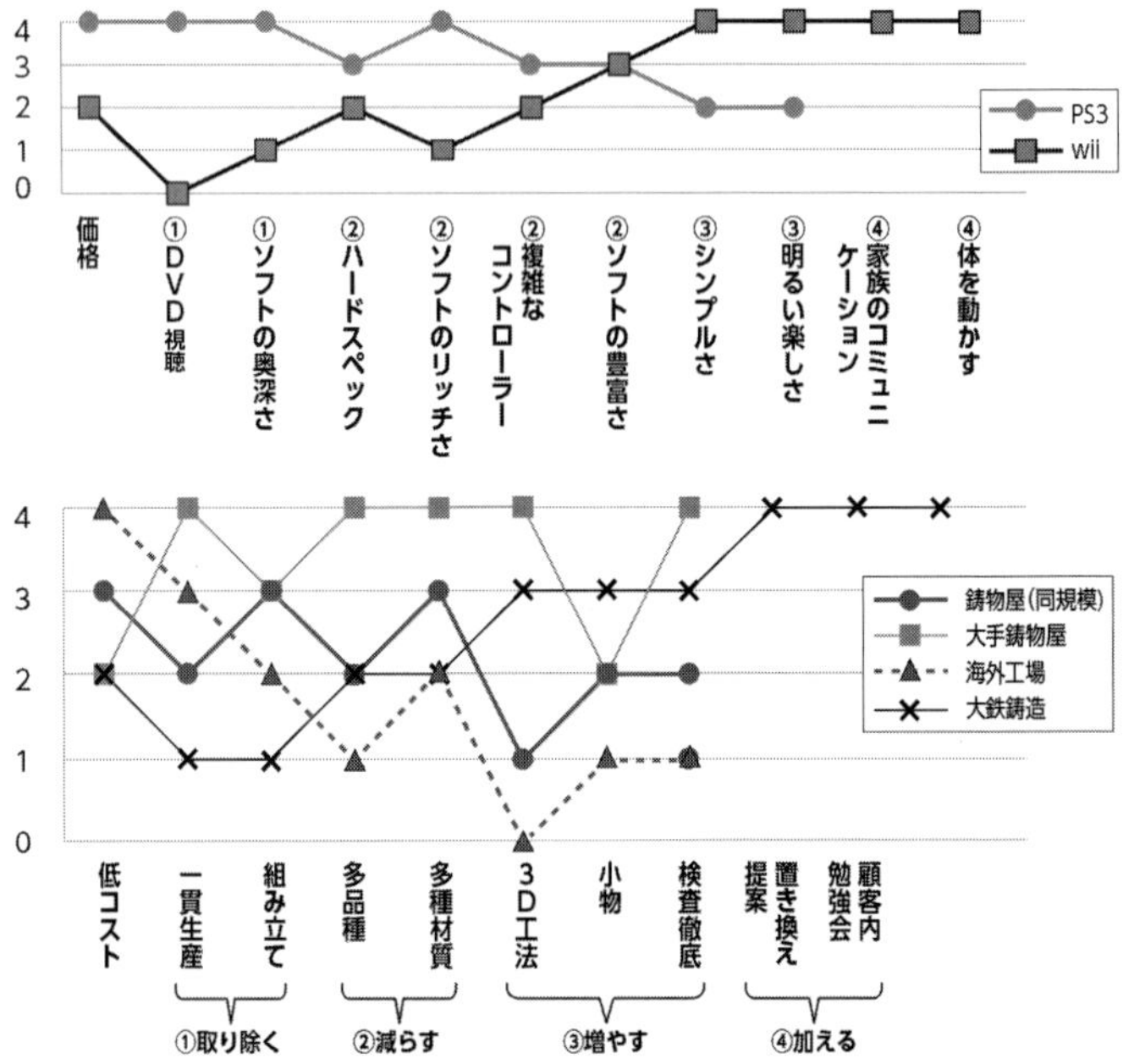

Ｗｉｉは、「プレイステーションが誇る高機能を捨て、みんなでわいわい楽しむという要素をつけ加えて、新たな価値を創造したことにより成功した」と説明されることがある。任天堂の中で、そんなシンプルな議論からこの戦略が導き出されたのかどうかはわからない。しかし、大概の人がなるほどと思える分析の仕方であり、このツールの有効性を理解できるだろう。

▼価値の見直し

通常、戦略キャンバスは新市場創造のための分析ツールとして使われるが、事業価値を見直すためのツールとしても活用できる。つまり経営承継においては、後継者が新たな事業計画を策定し、その成長エンジンを確立する際に活用できる。

大鉄鋳造が事業価値の見直しのために差別化要素を再定義した形が、前ページ・**図表28**の下のグラフである。

いかに優良な中小企業でも、資金や体力、人の制約があり、どの競争要因でもNo．1を目指そうというわけにはいかないだろう。効率的な資源投下という観点から、①の「取り除く」要素、②の「減らす」要素を決めることが重要だ。また、正しい差別化（の要素）は、顧客にとって意味のある価値を持たなければならず、同時に他社に比べて優位性を持つことが必要である。このことを理解した上で、③の「増やす」要素、④の「加える」要素を慎重に選択していくことが、自社の事業価値を見直す上でのポイントとなる。

▼価値は自社だけでは決められない

顧客にとっての価値、また他社の状況は常々変化するものであるから、理想としては、自社の差別化要素も状況に応じて変化するべきなのであろう。ただ、それをコロコロ変えるというのは現実的ではないので、新たな成長エンジンを確立するにあたっては、あなたがこれまで養ってきた先見の明でもって、腰を据えた行動を起こそう。

先見の明とは、あなたが持つ情報の量と質のことであり、決して先天的なセンスのことではない。いつ何時も、顧客や競争相手のことを気にかけて整理しておけば、新たな事業価値はおのずと発見できるはずである。

顧客にとって、差別化要素こそが企業の存在価値であり、この存在価値を維持し続けることは、今後十年、二十年と経営を担うあなたの最重要課題といっても過言ではない。

どうせならNo.1を目指す

自社の特徴を明確にしてポジショニングを確立できた企業は強い。供給過多の時代では、ある尖った特徴を持った企業のほうが、顧客の目に留まる。

これは、市場における弱者が強者に勝つための方法とされ、「ランチェスター戦略」として知られている。要は「勝てる場所を選びなさい、そのために特定の分野でNo.1になりなさい」ということ（ポジショニングの確立）である。

この実現には、「市場細分化」（以下「セグメンテーション」と記す）が肝になる。市場を選ぶということは顧客を選ぶということでもあり、新たに定義した価値を認めて対価を支払ってくれる顧客を選別することはもちろん、その顧客を相手に継続した商売が成立しなければならない。このため、ポジショニングを確立させる際には、次に示すセグメンテーションの有効性に十分な注意を払っていただきたい。

◆セグメンテーションが効果的であるための条件

・測定可能性…セグメントの大きさとその中での購買力が測定できる
・実質性…目標とする利益獲得が可能な市場規模がある
・到達可能性…そのセグメントへ効果的に接触できるチャネル、媒体等が明確である
・実行可能性…効果的なマーケティング手法を実行するために十分な能力、資源がある

掟その25 新たな成長の方向性を定めて進む

▼やりたいことをやるべきか？ やれることをやるべきか？

「企業や事業のライフサイクルは三十年」という表現をよく耳にする。最近はこれが十年、五年と言われることも多い。自社に当てはめてみれば、あなたの改善によって〝賞味期限〟が伸びた状態が今である。

しかし、改善には限度があるだろう。今後あなたが新たなリーダーとなって、十年、二十年と組織を率いていくには、新たな事業開発が避けられないかもしれない。

新規の事業開発というと、ベンチャービジネスを連想する方がおられる。「今までは父親に遠慮していたが、ついに自分のやりたいことにチャレンジするときが来た」とばかりに羽を伸ばしてしまう方もおられる。

ここで一度深呼吸してみよう。やりたいことで創業して失敗に終わった人など数知れず。マスコミやメディアで一時的に取り上げられるベンチャー企業に影響を受けて高揚するのは、いささか冷静さを欠いていないだろうか？

他人の成功事例は、そう簡単に自分には当てはまらないと思ったほうがいい。毎年新しいダイエット方法が話題になるのはそういうことだ。

必要なのはベンチャースピリットではなく、後継者として、経営者としての冷静な判断である。新規の事業開発を行うことには違いないが、その方向性はまったくのゼロからのスタートではなく、既存のビジネスの延長になければならない。つまり、「やりたいことをやる」のではなく、「やれることをやる」のである。

新たな事業領域を定める

それでは、事業開発をどのように進めたらよいのか、**図表29**を使って整理しよう。

事業とは商売のことであり、商売とは「誰に」「何を」売るかに他ならない。このふたつの軸に「既存」「新規」という視点を加えると、四つのマトリクスに分かれることになり、各象限が成長戦略のパターンを表している。それぞれの象限の意味は次の通りである。

図表29　成長戦略マトリクス

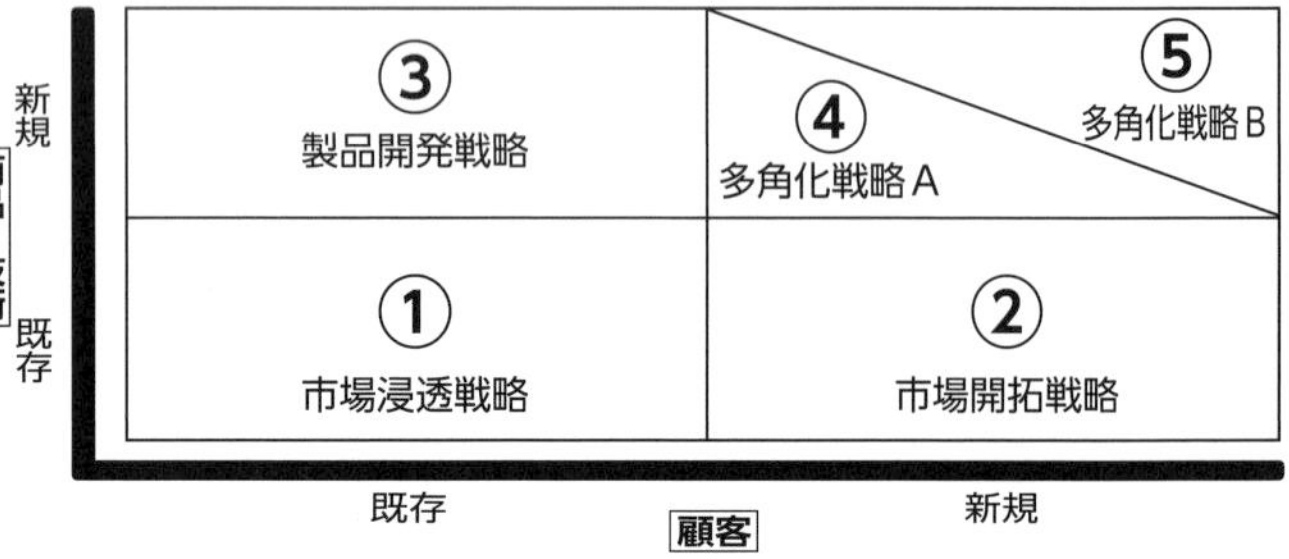

◆成長戦略のパターン

①市場浸透戦略

現在取引のある顧客に対して既存商品を提供する戦略。今行っているビジネスそのものである。いかに市場におけるポジショニングを確立してシェアを高めることができるか、または顧客をロイヤルカスタマーとして育てることができるかが重要である。

②市場開拓戦略

現在取り扱いのある商品を、新しい顧客へ提供する。地域、年齢層、販売チャネル等、「新しい」という考え方を柔軟に発想することができれば、比較的形にしやすい戦略といえる。

③製品開発戦略

既に取引のある顧客に対して、新しい商品を提供する。機能や性能を向上させて既存製品からの買い替えを促すことや、関連商品を開発することなどがこの戦略に該当する。

④多角化戦略A

新しい顧客へ新しい商品を提供する戦略。多角化戦略は、ひとつのマトリクスで表すとひとつの戦略にしか見えないが、新しさの程度によってふたつの意味があると私は考える。同業他社は取り組んでいるけれど、自社はまだである。この取り組みを行うことで新しい顧客を獲得できるとなれば、これは多角化戦略のひとつである。

⑤多角化戦略B

「新しさ」の程度が、多角化戦略Aとは違って、まったく新しい商品を、まったく新しい顧客に提供するものであり、新規の事業開発と考えればよい。

あなたが今後採用する戦略を考える際、何に重きを置くかが肝心だ。参入の容易性、好き嫌い、成長市場であること、誰もやったことのないことへのチャレンジ等々、いろいろな視点があるものの、私は「確実性」を一番に置いてみることを勧めたい。その理由は、ここにきて失敗が許される状況かどうかを考えてみれば、わかることだろう。新たな事業領域で成功を収める難しさに順番をつけると、難しい順に次のようになる。

⑤→④→③→②→①

⑤と④の違いに疑問はないだろう。しかし、③と②の差には議論が生じることがある。中小企業が常態的に新商品の開発体制を整えていることは想像しづらく、コストと時間という観点から、②の市場開発戦略に実現しやすさの軍配が上がると考える。

大切なのは「確実性」という観点である。そこで、自社のとりうる戦略を、次の順番に検討してみる。

①→②→③→④→⑤

①はもちろん、②や③を検討することなく一足飛びに④や⑤に興味を持つのではなく、しっかりと①②③の戦略の採用可能性を検討したい。後継者の方々が思う以上に可能性が

残されているのではないかというのが、コンサルティングを通じての私の実感である。

検討の結果、①②③の戦略を採用しても将来が見込めない場合、いよいよ④⑤と検討することになる。特に⑤の多角化戦略Bを採用しようと思うのであれば、「やる意味があるか」「やれる見込みはあるか」「既存ビジネスとのシナジーはあるか」の三つの問いに答えが出るまでは、慎重に何度も繰り返し検討するべきだ。なにしろ、失敗は許されない。

自力でやるか、他力を使うか？

新たな成長戦略実現をどう行うか？

市場開拓戦略や製品開発戦略など、顧客と商品・技術のどちらか既存の資源を活用できるとしても、もう一方を新たに獲得しなければ、この戦略は実現しない。それを自社単独で行うとすれば、そうたやすいことではない。簡単なことであれば、既に父親が手をつけていたはずである。

新たな資源の獲得をどう行うかは、戦略実現の要《かなめ》である。戦略選択の際は「確実性」を一番に考えることをお勧めしたが、戦略実現のための資源獲得の場合は「スピード」に重きを置くべきである。資源獲得のスピードが速いほど、競争環境においては優位性が高まる。

もし、自社単独で行った場合、その資源獲得に時間がかかるようであれば、もしくは実現性が低いのであれば、「他社と組んで実現する」という方法があってもよい。その他社とは、既にその資源を有している企業であり、資源獲得に要する時間やコストは、あなたが気にしなければならない問題ではなくなる。そのメリットに注目していただきたい。

◆戦略実現の際に他社と連携するメリット

・資源獲得に時間をかけず、短期間で目標達成（戦略実現）できる
・資源獲得に必要な投資とコストを抑制できる
・獲得した資源を継続的に保有することのリスクを回避できる

デメリットもある。他社と連携することによる取り決めや調整の手間、それに伴うわずらわしさがそれだ。ただ、あくまで新たな成長戦略の実現が目的であって、資源の獲得はその手段である。そのことを念頭に置けば、デメリットを差し引いても、メリットの大き

さが目立つであろう。

連携方法には、大鉄鋳造が行ったM&Aだけでなく、業務提携（販売提携、生産協力、共同開発等）、資本提携といった様々なパターンがある。ただし、連携するパートナーの選別を慎重に行わなければならないことは言うまでもない。

掟その26 社長交代と体制刷新

▼新たな体制をスタートさせる

ついにあなたは新社長に就任することになる。気持ちを新たにし、新組織への移行をスムーズに行うには、計画的な設計が必要である。以下、新組織の設計ポイントについて解説する。

父親については、会長職として留まってもらうことが基本になる。理由は、新社長の心理的なよりどころとしての存在となるためである。

社長と副社長の距離感は、副社長と新人社員の距離感よりも遠い。それほどの重圧を受けるのが社長というポジションだ。加えて、取引先や金融機関等の対外的な信用という面で、しばらくは社内に留まり、「新社長をサポートする」としておいたほうが無難であろう。

次に、新役員である。誰を新たな役員とするかを考える。あなたが入社してからのサポート、それに業績改善、自立型組織実現での貢献度合いを考慮しつつ、前述した取締役としての責任・義務を踏まえて、ふさわしい人物を新たな役員に据えよう。

部門長の選択も重要なポイントである。部門長については、実力・実績に加え、管理職としてふさわしいかどうかで判断する。人事評価制度が適切に運用されていれば、それほどの悩みとはならないはずである。新たな戦略実現のためにふさわしいかどうかも含めて、有用な人材を必要なポジションに据えたい。**図表30**のような視点で評価してみるとよい。

このうち、後継者の方からよく質問をいただく部分に補足を加えておく。

「④調整弁」の三つ目「労働者の権利を主張しすぎない」は、いわゆる「ブラック企業」を目指そうというものでは決してない。「定時を十分過ぎたら残業代を払え」などと管理職自ら騒ぎ立てるのではなく、しかるべき自分の仕事が終わらなければ、多少の時間は気にせずに自主的に働く意識を持たせるようにすることを表す。

図表30　部門長に必要な能力

①方針理解

- 会社の成長の方向性を理解していること
- 自分のチームがなすべきことを明確に定義できること
- 部下にそれを正しく伝えられること

②人間力

- 率先垂範して自分でやること
- 不正やモラルに反した行動をしない、許さないこと
- 挨拶や身だしなみがしっかりしていること
- 部下の話に耳を傾けること

③管理能力

- 必要な計数を管理する能力
- 労務を管理する能力
- 冷静かつ公平に部下を評価する能力
- チームに適度な緊張感を与える能力

④調整弁

- 部下の不平不満に対処できること
- 会社の方針と部下の意見とのギャップを埋められること
- 労働者の権利を主張しすぎない

⑤よき上司

- 部下より抜きん出た実力があること
- 失敗を部下のせいにしない、部下を守る
- 褒めるときは人前で、叱るときは個別に
- 感情のフォローアップができる
- 多めに出すなら全部出す

「⑤よき上司」の五つ目「多めに出すなら全部出す」は、割り勘で一〇〇〇円多めに出すくらいなら、全部おごってしまおうという意味である。正直なところ、一〇〇〇円多く出したところで株が上がることはない。もちろん頻繁である必要はない。

古参をどう扱うべきか

さて、もうひとつ気を揉まなければならない。それは古参の役員や従業員の扱いである。多くの経営承継のケースで、先代社長に仕

えていた役員や社歴の長い古参社員らの存在が、現場改善や風土改革の抵抗者になってしまう現場を目の当たりにしてきた。

抵抗者に対する苦労、苛立ち、恨み、憎しみのような感情は、なかなか心から離れないかもしれない。ただ、ここぞとばかりに首を切ったり、人事制度無視の降格や減給を行ったりしてしまっては、労働問題に発展しかねない。「社長になった途端に人が変わってしまった」という評判によって、求心力を落とすことにつながるおそれもある。だからこそ事前に人事制度を整備して、数年かけて適切に運用し、新たな流れに乗れない従業員はそれなりの評価を行っていくことになる。

では、古参が役員の場合はどうであろうか？　右腕的な立場で新社長を補佐するのか、ある分野のスペシャリストとして機能するのか、それともただのうるさ型になるのか、あるいは抵抗者となるのか。あなたをトップとした新体制の中でどんな存在になりそうかという点で、扱いを決めることになる。

うるさ型や抵抗者になってしまう場合、株主総会の普通決議で解任という手もあるが、もっともこれには「正当な理由」が必要になる。しばしば正当な理由の存否が裁判で争われていることを考えると、解任手続きを淡々と進めるのもあまり得策とはいえない。古参役員が新たな成長戦略の内容や新体制に馴染めないようであれば、前社長の仕事として適切な対応をしていただくのがよいだろう。社長交代を機に同時に身を引いていただくのもよし、である。

第6章

黒字を維持する環境を作る

正道39歳、社長就任。よりよく、より安定した会社経営のために。

社長になると世界が変わる

鏡に映る頭には、白髪が混じり出している。それは十年間を超える苦労の表れだろうか。一方、四十歳の割には肌つやもいいし、しわというしわも目立たない。それは気力のせいなのだろうか。そんなことを時折気にしながら、正道は毎日、精力的に活動していた。

郷田鋳造所からの事業譲渡によって新たに大鉄鋳造の従業員となった人間たちは、初め戸惑いを見せていたが、半年もすると新しい会社の雰囲気に馴染んでいた。

「いやー、こういう雰囲気の中で仕事がやりたかったんです」

そう話すのは、郷田鋳造所で技術研究に関わっていた黄根《きね》である。いろいろな顧客に対して、新たな技術を積極的に提案し、課題があればその解決に関係者全員で頭を悩ます。それも前向きに。そういう雰囲気が、郷田鋳造所にはなかったようだ。

彼のことを、昔からの仲間は「メカさん」と呼ぶ。いつも新しい設備の使用方法を社内で一番最初にマスターすることから「メカニック」というあだ名がつき、いつの間にか「メカさん」として定着したようであった。親しみやすいキャラのせいもあって、今ではみんながそう呼んでいる。郷田鋳造所から引き継いだ製造部隊のリーダー的存在でもある。

郷田鋳造所が3D砂型積層工法の導入を決定する際、黄根が二か月にわたってドイツに渡り、設備メーカーからの技術研修を受けてその操作方法を習得した。大鉄鋳造の「製品開発戦略」の要となるノウハウである。

営業については、大鉄鋳造の基本的な強みである「提案力」を形にすることに貢献した緑岡が営業部長となり、藤野と郷田鋳造所からの若手を一人加えて、新たな取り組みに時間を割いていた。

衰退する鋳物業界にあって、積極的に新たな取り組みを行う姿勢が、川口の同業者の中で話題になり、正道はさいたま銀行主催のセミナーや鋳物業界における勉強会等で、ゲストスピーカーとして招待されるようになった。そういった対外的活動によって、事業承継を成功させた二代目社長としてビジネス雑誌に取り上げられることもあった。

今でも、一段高いところから話すのは得意ではないと、正道は思っている。だが、それは長年の努力が認められた結果だということを考えると、嬉しさもあって、そういった依頼を断れずにいた。するとそのことが次の新たな出会いを生み、また自分の時間をとられる。正道は、これまで想像もしていなかった世界に足を踏み入れたような気がしていた。

「現場のことに時間が割けなくなっているんですが、どうしたもんでしょう？」

まだ真新しい匂いが残る社長室で、正道は黒谷と雑談を交わしていた。

「ある程度はしかたのないことですよ」

「それに、セールス対応の時間も増えました。メールならまだしも、電話がかかってきて、いらないって言っているのになかなか切らせてくれないとか。ひどいのだと『担当が替わったのでご挨拶に来ました』なんて調子で、アポなしで飛び込んでくるんですよね。そう言われたら、事務員が知らなくても通しちゃうじゃないですか。失礼な輩《やから》ですよね」

社長になっても、正道は黒谷のアドバイスを必要とした。正二は週に一、二回、それも三十分、腰をかける程度で、経営のことについてはあまり口を出さなかった。それもあってか、身近な相談相手が急激に減ったという事実が、自分が社長なのだと実感させることとなっていた。

業務上の課題解決や情報収集など、社長として判断すべき内容については、従業員から集めた情報や提案を踏まえて積極的に意思決定を行う。そういったコミュニケーションはしっかり継続しながらも、やはり従業員には聞きづらいこともある。

「僕は、社長としてどんなことを学んでいけばいいいですか?」

棚から取り出したファイルには、事業承継実践塾の資料がまとめられている。ファイルにはいろいろな資料が一緒に挟み込まれており、半分以上は黄ばんでいた。十年という時間の長さが、そこから感じられた。
「ついに最後の章ですね。最後は『黒字を維持する環境を作る』です。ここに、先ほどの正道さんの悩みの解決方法があります」

＜黒字を維持する環境を作る＞

・掟27　従業員のプロ意識を育てる
・掟28　付き合う人間を選ぶ
・掟29　知の承継を忘れずに
・掟30　中小企業施策を活用する
・掟31　経営者保証を外す
・掟32　社長〝幸退〟の条件

他人のモチベーションは管理できない

「まずは『従業員のプロ意識を育てる』ですか？」

「そうです。わかりやすくいえば、これから正道さんが現場を見る時間が少なくなっても、確実に計画通り現場が回っていくようにしたい、そういうことです」

「それは、これまで作ってきた人事評価制度や目標管理制度とは違うんですか？」

「ここでお伝えしておきたいのは、制度というよりは気持ちの面での内容です。これまでは従業員のみなさんにも、『このままでは会社が危ない』という〝危機意識〟に背中を押されていた感があったと思います。ですが、今はどうでしょう？」

まさにそのことを気にかけていた正道は、グッと身を乗り出した。

「実は、それを気にしてましたね。三、四年前に比べたら、少しだけ緊張感が薄くなっているような気がしているんです。それに、郷田鋳造所から来た人は、大鉄鋳造のことを〝業績のいい会社〟と聞いて入ってきているので、そもそも〝危機意識〟なるものがないのかもしれないですね。なので、どうやってモチベーションを高いレベルで維持してもらうかというのが、僕をはじめ青島や桃瀬、その他の幹部社員の課題だと考えているんです」

「どういう方法で実現されようとしていますか？」

「やっぱり、しっかり時間をとってコミュニケーションを……とは思うのですが、そこで悩むんですよね。最近、外での人付き合いが増えたせいもあって、思うように従業員との時間がとれない」

「従業員のモチベーション管理は大変ですよ。もしかしたら、これまで取り組んできた課題の中で一番大変なものになるかもしれませんね。なので……」

「なので？　その続きをぜひ教えてください」

「モチベーション管理は『しない』ことです」

「えっ！　これまた意外な答えですね」

「ええ、彼らのモチベーションではなく、従業員一人ひとりの〝プロ意識〟に訴えるのです。自分が担当する仕事のプロであるという意識があれば、モチベーションなど、関係ありません。プロとしてきっちり仕事をこなさなければならないという気持ちが当人の意識の中に芽生えれば、従業員自らモチベーションを維持しようとします。この差は大きいですよ」　▼**掟 その27**
「どうやってプロ意識を持たせればいいですか？」

他人から新しいことを教わるときに、正道は目を大きくして輝かす。社長になっても、貪欲に知識を吸収する姿勢は変わっていなかった。

目を見てもその人の実力は見抜けない

「戻りましたー。えっと白倉さん、次は何時からだっけ」

正道が外から帰ってきて、汗を拭きながら次のスケジュールを確認した。

「社長、お帰りなさい。二時から、ムサシシステムズさんです。桃瀬さんも同席されます」

「ああ、統合後の生産管理システム改修の打ち合わせだったね……ん～、気が重いな」

知り合いからの紹介で、生産管理システムの改善に強いという会社と会うことになっており、時間を割くことになっていた。一時間後、事務所の玄関先で丁重に先方を見送った後、ため息をつきながら部屋に戻ってきた。

「知り合いの紹介だったので問題ないと思って、軽く頼んだのが失敗だよね」

正道と桃瀬が困り顔で立ち話を始めた。

「申し訳ありません。私が彼らの提案内容をしっかりと精査していればよかったのですが……」

「いや、先方の社長の『できます！』という言葉を鵜呑みにして判断してしまった僕の責任だよ。あの流暢な営業トークと眼力にやられたな。でも、どうしよう。このまま作業を続けても、うまくいかない気がするんだけど……今、契約を解消すればダメージは最小限に抑えられる」

「システム改修の要件定義フェーズは、二か月ごとに契約を更新できる形にはしています」

桃瀬がファイルから契約書を抜き出して確認した。

「この先、大きな失敗をするよりはまだマシか。僕の判断ミスだ。情けない」

そのことを社長室にふらっと立ち寄った正二に話すと、ソファーにゆったりと座り、二人を静かな目で見た。

「人を見抜くのはそう簡単なことじゃない。まあ、しかたがないだろう」▼掟その28

「僕の人を見る目が甘かった。知人の紹介もあって、実力を探るのを遠慮してしまったんだ」

「お前、そりゃバクチと一緒だぞ。それに桃瀬君も、正道に遠慮していては駄目だ。社長の判断がおかしいと思ったら、しっかりとそれを指摘する。それが取締役の役目だよ」

「申し訳ございません」

「まあ、失敗経験を買ったと思えば安いもんだ。君たちの将来への投資だと思えばいい。大事なのは、同じ失敗を二度しないことだ」

二人はすっかりしょげていた。

「どうだ、お前さんたち、今日は早く上がれそうか？　久々に一杯やるか？」

統合の効果

昼休みになっても、しばらくの間、黄根の周りには若い従業員たちが集まっていた。

「で、ここをこうするといいんだ、ほんのちょっとのことなんだけどね、みんなわかった？」

「なるほど、さすがメカさんですね。そういうコツがあったのかぁ。今の、動画に撮りましたので、ファイルサーバーにアップしておきますね」

「そうしよう。こういうのをどんどん蓄積すれば、みんなでノウハウを共有できるでしょ？」

黄根は教え好きでもあり、郷田鋳造所で培ったノウハウを大鉄鋳造のメンバーたちに伝えることを楽しんでいた。そのやり方は「見て盗め」ではなく、誰でもわかるように「見える化」して共有する方法であった。動画撮影やITツールを使う方法は、これまでの大鉄鋳造では見られないやり方だった。

　みんなの輪の中に入った青島が、黄根に声をかけた。▼掟その29

「青島さん、お疲れさまです。若い人たち熱心に話を聞いてくれるから教えがいがありますよ」

「おかげで現場作業のノウハウがきちんと蓄積されてきたって感じだね。さすがメカさん」

「いやぁ、とんでもない。大鉄鋳造にどんどん貢献させてもらいますよ」

「頼もしいね〜。ところでメカさん、これ知ってる？」

「ああ、経産省の補助金制度ですね、知ってますよ。申請書を書いて採択されると補助金がもらえます。過去に二回採択されたことがあります。一回の設備投資の補助額は一〇〇〇万円でした」

「一〇〇〇万円⁉　すごいねぇ。うちもできるのかな？　サンドクーラーを新しくしたいんだけど」

「可能性はあるかもしれませんね」

「あ、ほんとっ⁉　さすがメカさん、詳しいね。もっと調べて、申請書ってやつを書いてみたいんだけど、協力してくれるかい？」

「もちろんですよ、青島さん。それに、こういう制度、他にもいろいろあるみたいですよ。情報をまとめてみたほうがいいですよね」

これをきっかけに、国や自治体の行う中小企業施策の情報収集を、黄根が中心となったチーム活動で行うことにした。設備投資に対する補助金だけでなく、従業員教育に関するもの、税制優遇に関するものなど、様々な制度があることがわかった。▼掟その30

肩の荷を下ろすとき

正道が社長に就任して二期目が終わろうとしていた。二期連続、事業計画通りの堅調な業績である。新たな成長戦略は確実に機能していた。

「桃瀬さん。内部留保がある程度できてきたので、予定通り工場の土地を会社で買い取ろうと思うんだけど。財務的な面ではどうだろう？」

「川口市の地価がじわじわ上がっています。過去、景気のいいときには前年比十％増加という年もありましたし、ここ最近の景気の復調を考えると、今がいいタイミングかもしれません」

「それに、既往の借入れの保証もそろそろ整理したいな」

金融機関別保全明細票を見て、そこに正二の名前が残っていることが気になっていた。

「経営者保証に関するガイドラインによると、会長の保証については、既に代表を退いていること、株主でないこと、いくつか他にも条件がありますが、交渉の余地はあろうかと思います」

「桃瀬さん。それ、もっと具体的に詰めていきたいんだけど、調べてくれるかな。もし保証を外せるようであれば、会長も本当の意味で肩の荷が下りると思うんだ」▼掟その31

「そうですね。先日三人で食事をご一緒させていただいたとき、『次の夢を叶える』とおっしゃっていましたね。さすが会長です。でも、保証が残っていたら、どうしたって気がかりですよね」

その後しばらくして、工場の土地の所有権が会社に移り、正二の保証はすべて解除された。さらに、さいたま銀行との交渉によって、残る契約分のうち、いくつかの本数分から正道の保証も解除されることとなった。その際、銀行からは、適切な経営状況を将来にわたって維持するように努めるよう、念を押された。無論、そのつもりである。

「(父さんは次の夢か。果たして、僕の夢は叶ったのだろうか……)」

いずれ社長を〝幸退《こうたい》〟するために

正二の引退は、川口の中で大きな話題となった。余生はのんびり暮らすのかと思われていたが、川崎鋳造の金宮社長の熱烈な誘いもあって、タイの鋳物工場で現地の職人を技術指導することになった。妻の裕美もふたつ返事で賛成。二人揃っての初の国外脱出は、いきなり海外移住からであった。

「父さんらしいな。やっぱり鋳物バカだ。かなわないよ」

空港で二人を見送るときに手渡された手紙を、正道は机の引き出しから取り出した。

——正道へ
大鉄鋳造の立て直し、大変だったな。お前が最後まであきらめなかったおかげで、従業員とその家族の生活を守ることができたし、大鉄鋳造の名も残った。本当に感謝してる、ありがとう。それとな、正道を見ていたら、俺ももうひと踏ん張りしたくなってしまったよ。もう一度、ゼロから好きな鋳物と向き合ってみようと思う。俺はやっぱり鋳物が好きだ。母さんも新しいチャレンジが楽しみだと言ってくれた。俺たち二人のことは心配するな。正道も奈々子さんと正太郎ちゃんを大事にするんだぞ。

父より

赤星正道、四十二歳。大鉄鋳造は変わった。売上は今期二十五億円に達する勢いだった。正道が入社した当時からすれば、二倍に近い規模に成長したことになる。特筆すべきは営業利益率の改善である。入社当時は赤字続きであったし、絶頂期だった頃でさえも数％程度であった数値は、現在では十％を超えるまでになっている。川口の優良鋳物会社といえば、必ず大鉄鋳造の名が挙がるまでになっていた。

変わったことは他にもある。五十嵐が亡くなった。大鉄鋳造を去ってからは顔を合わせることはなく、訃報は突然にやってきた。そのとき正道は海外出張中で、葬儀には参列できず、帰国後に墓前で手を合わせた。正道は、従業員の真剣な眼差し、笑顔、したたる汗、かけ合う声、大鉄鋳造のすべての従業員が正道の自慢であると、五十嵐に報告したかった。

「（この年になってやっと、五十嵐さんの言いたいことがわかった気がします。長く時間がかかってしまってすみません……僕はしっかりと従業員を守っていきます）」

外注先や取引先のみならず、設備業者や配達業者でさえも、大鉄鋳造を訪れると、なぜか元気な気持ちになれるという。今の大鉄鋳造の雰囲気からは、市場が縮小している業界であるとは微塵も想像できない。誰もがそう感じた。そういう声が正道の耳に届くたびに嬉しく思う。苦労を思い返すと、ときどき、目頭がじんわりと熱くなる。ただ、そのたびに父親の言葉が脳裏に浮かぶ。

「そこはお前のゴールじゃない」

思い返すたびに、再び気が引き締まる。社長がこれでいいと思ったら、会社の成長はそこで止まる。自分が社長になったときに言われたその一言をしっかりと肝に銘じておこうと、自分の作業帽の裏をじっと見つめた。そこには、父親からの言葉がマジックでしっかりと書かれている。

「まだ先は長いぞ。青島さん、桃瀬さん、黄根さん」

「え、どうしたんですか、社長」

「これから十年先、どうなるかさっぱりわからないけど、そのとき、しっかり会社が継続していけるよう、準備しなきゃね。僕の事業承継も、いずれ考えなければならないし」

「社長、まだ五十にもなっていないのに、気が早くありませんか？　あと軽く二十年は頑張っていただかないと！　それに息子の正太郎君、まだ小学生じゃないですか」

「いや、息子には息子の人生を歩ませるつもりでいるんだ。この会社を継ぐにふさわしい人がいれば、その人が次の社長になるべきだ。それは赤星の人間でなくてもかまわない。そのとき、一番ふさわしい人に会社を継いでもらう。これが社長〝幸退〟の条件さ」▼

掟その32

「その人間が見つかるまでは、我々で頑張りましょう。社長が頑張るなら、私たちはどこまでもついていきますよ」

「ありがとう。さあ、次のゴールを一緒に目指そう」

掟 その27 従業員のプロ意識を育てる

▼モチベーション管理の難しさ

事業承継には従業員変革の一面もあり、当の本人たちのモチベーションが高いレベルで維持されている必要がある。だから、部下のモチベーションは、社長を含めて上司がうまくコントロールしなければならないという話になりがちである。だが、これがいかに難しいことか。

モチベーションとは人の意欲であり、その源泉は人によって異なる。達成感、昇進、昇給、所属会社のブランド、上司への尊敬、同僚との関係、その内容は様々であり、気分によっても変化するようである。他人がコントロールするのは限度があって当然といえば当然である。

従業員満足を掲げ、モチベーションを高めるためにいろいろな手を打ち続けたら、心身ともに疲れきってしまった社長がおられる。あげくの果てに、「次はこれも改善しろ、改善しないとモチベーションが下がる」と文句を言う従業員が増える始末。これではどちらが社長かわからない。

▼仕事の成果はプロ意識がもたらす

では、モチベーション管理をどう行うか？

それは、従業員の「プロ意識」を育てることで行う。プロという言葉の定義は様々にあることを承知の上で、「素人が出せる最高の結果を、どんなときでも安定して出せる人」のことだと定義しよう。つまり、体調が悪かろうが気分が乗らなかろうが、言い訳をせずにやるべきことをしっかりとやる。自分がその道のプロだと自覚が持てれば、あとは放っておいてもきっちり仕事をするようになる。

◆従業員のプロ意識の育て方

①明確なビジョン、方向性を示す

今後、会社が進むべき方向性、達成すべき目標がなければならない。まずはこれを社長であるあなたが明示する。同時に会社の理念や戦略、事業計画等をしっかりと周知する。

②目標管理制度の活用

この制度の本質は、部下の自発的な行動を促すことにある。上司は、部下が設定すべき目標を口に出したい気持ちを、ぐっと抑えなければならない。設定目標は上司が部下に与えるのではなく、当の本人に「言わせる」「選ばせる」「決めさせる」「書かせる」ことが肝心である。その過程において責任感が生じる。責任感の醸成は、プロ意識の必須条件である。

③個人の名前を出す

顧客と相対するとき、会社の名前や看板を取っぱらい、「個人」が前面に出た時点で、通常は責任をより強く感じるものである。接客業であれば名札はもちろん、自分の名を名乗らせるだけでも違う。顧客と直接対面しない仕事だとしても工夫次第でそれは可能となる。

④社内でNo．1にさせる

思い込みが影響を及ぼす現象として「プラシーボ効果」がある。実はこれ、仕事にもあてはまるのではないかと思う。「その分野、その作業については社内でNo．1だ」という思い込みをさせることで、その従業員の実力はどんどん上がっていく。周りからの期待と自信、ライバルとの競争、それらがプラスのスパイラルを生み出し、どんどん良い結果を生み出す。

⑤模範となる人物が近くにいる状況を作る

名言や格言は、その中身もさることながら、「誰が」言った言葉なのかのほうがより重要になっているとは思わないだろうか。正論をいくら振りかざしてみても、当の本人がその正論に反するようであれば、その言葉は極めて薄っぺらなものになる。つまり、社長であるあなた自身が常に目標を掲げ、その実行に邁進《まいしん》し、ある分野に関しては会社でNo．1だというものを持っていれば、きっとあなたの声は、プロ意識を持ってもらいたい従業員の琴線に触れるだろう。

掟その28 付き合う人間を選ぶ

▼他人が会社を育てる

とある社長が言うに、「会社がある程度まで大きくなったら、その後の成長は付き合う人間次第」なのだそうだ。自分の周りにいる人間たちが程度の低い人間であるならば、今のステージ止まりということらしい。

社長になると、途端に付き合いの幅が広がる。その中には、「○○コンサルタント」を名乗る人物も少なくない。この類の人種は弁の立つ人が多く、話を聞いているとつい信用してしまいそうになるが、「○○コンサルタント」は、正直なところアタリ・ハズレの差が大きい。会社の大小や知名度によらず、自社を担当した人が「残念な人」だということも大いにある。「残念な人」との付き合いを続けていると、貴重な金と時間を浪費してしまうばかりでなく、間違った方向に誘導され、成長機会を逸するどころか、いらぬトラブルに巻き込まれてしまう。

自社でできないことを外部の専門家に依頼するわけであるから、付き合う人物は本物に限る。その人が本物かどうかは、一見しただけではなかなかわからない。品定めとまでは言わないまでも、一番良いのは、どんな業種、どんな専門家だとしても、実績を説明してもらうことだ。できることなら、自社が解決してほしい問題点や期待する効果についての実績を、具体的にかつそのとき使った資料などを見せてもらいながら、説明させたいところである。

また、既に付き合いのある人からの紹介にも要注意である。『信頼できる○○さん』から紹介された会社だから大丈夫だろう」と思うのは、猜疑《さいぎ》心がなさすぎである。失礼があってはは申し訳ないという気持ちはなくもないだろうが、自社の今後を左右する付き合いになるかもしれないのだから、しっかりと付き合う相手の力量を確認する必要があるだろう。

うるさい奴だと思われよう

相手の力量を確かめて、この人と付き合うと決めたら、彼らの専門知識をどんどん活用すべきだ。彼らの持つ高度で専門的な情報に関しては、自社の従業員による活用は難しいかもしれない。

優秀で実力があればあるほど、「〇〇コンサルタント」たちは多くの顧客を抱えており、忙しく動き回っている。だから、注文をつけずに黙っているクライアントの優先順位は必然的に下がっていく。そうした実態を理解し、相手にとって「うるさい奴」だと思われることをお勧めしたい。

「これはどうなの？　あれはどうなの？　具体的には？」など、どんどん質問を投げかけ、情報や提案をどんどん持ってこさせよう。

掟その29 知の承継を忘れずに

▼知の承継のためにすべきこと

本書における事業承継は「経営承継」と「資産承継」に分類されるとした。

実は、会社の永続を考えたとき、もうひとつの承継が極めて大切になる。それは知見やノウハウの承継、すなわち「知の承継」である。

ただし、知の承継の場合、社長から後継者への承継ではなく、基本的には従業員から別の従業員への承継を前提とする。事業承継に一生懸命になっている際に、ベテラン社員が定年で引退し、エースと呼ばれる人物が怪我で入院したら、事業活動が停止してしまったでは、あまりにもお粗末な経営者と言われてしまうだろう。そんなことにならないように、①承継すべき知を明確にし、②知の承継が当たり前の環境を作る、というふたつのポイントを押さえておきたい。

両者に共通して大切なことは、5W1Hを明確にして、しっかりとした計画に落とし込んでいくことである。すなわち「何を」「なぜ」「誰から誰に」「どこで」「いつまでに」「どうやって」を、現場任せにせずに、部長、取締役クラスの重要なミッションとして管理すべきである。

自社の強み・競争力・差別化の源泉となっている知見・ノウハウが必ず存在するはずである。その部分を重点的かつ集中的に、知の承継の対象とする。

最適な手法は、知見・ノウハウの内容によって異なる。例えば、一連の作業の流れを分解してマニュアルを作る、写真や動画を使う、若手がベテランに教えてもらった内容を文書化していく、講習会を開くなど、いろいろな方法があるだろう。

教育や技術指導、マニュアル作り等を評価項目として知の承継を促すことも、一定の効果を期待できよう。ただ、知の承継をうまく行う企業を観察していると「ひと工夫」があることがわかる。例えば、承継を推奨する人事評価制度にしたり、承継を前提とした若手の教育計画を作成したりする例はよく見かける。面白いところでは、「（ＯＪＴで）ペアリングしたベテランと若手が飲みに行く場合、その年度の間は5回まで全額負担！」というものもある。作業的に引き継ぎを行うのではなく、人間関係を作るところから始めようという狙いのようだ。

また、知の承継の環境が整備されると、安心して現場を従業員に任せることができるばかりでなく、採用の幅を広げることが可能になる。中小企業の採用事情はどうしても即戦力の中途採用に絞りがちであるが、同時に、比較的高めの賃金に頭を悩ますことになる。それよりは、賃金を抑えることのできる新卒採用にチャレンジし、一から育てたほうがよいかもしれない。このように、選択肢を増やすこともできる。

掟その30 中小企業施策を活用する

しっかりと情報収集を行う

補助金や優遇税制は、中小企業者を広く対象としていることがほとんどであるにもかかわらず、その存在を知らない経営者の方は少なくない。中小企業施策の意義は大きく、積極的に利用しない手はない。まずは、どんな制度があるのかを知ることから始めよう。情報収集が得意な方はどんな方法でもよいが、ここでは簡単かつ効率的に、全体像と概要を把握するための手段を紹介しよう。

ひとつは、中小企業庁が年度ごとに公表する「中小企業施策利用ガイドブック」を活用する方法だ。各省庁やその外郭団体、都道府県などが実施する、数ある中小企業支援策がひとまとまりになっており、一手に確認できる。中小企業庁のホームページ（「出版物一覧」のページ）からダウンロード可能だ。

もうひとつは、「ミラサポ」というウェブサイトで、補助金や優遇税制などの情報を、都道府県や市区町村レベル・施策の分野別に一覧表示できるのが特徴である。新着情報が随時更新されるという点と、メールマガジンなど、気にするべき情報を効率的に収集できるという点で重宝する。

補助金や優遇税制を活用する上で重要なことは「タイミングを逃さない」ことだ。厚生労働省が実施する雇用関係の制度については、随時、申請を受け付けていることが多い。一方、経済産業省が実施する制度については募集期間が限られるものがあり、どんな制度がいつ行われているのかをあらかじめ確認しておかないと、準備が間に合わないことが往々にしてある。

▼知らない人が損をする

中小企業施策活用のメリットは優遇税制、補助金、専門家支援等、形は様々であるが、行き着くところ「お金」である。これを活かして積極的に会社を成長させるための取り組みを推進しよう。資金があれば、新たなチャレンジの際のハードルが下がる。

ただし、制度の応募にあたっては、準備する資料の枚数も少なくはないし、募集要項や応募要領等に書いてある用語や数字がなかなか理解しづらいこともある。時間を取られて、本業に影響を与えてしまうのも考えものである。中小企業診断士や行政書士、社会保険労務士等、中小企業施策活用の専門家も多くいるので、彼らに任せてしまうのも手である。

本書では、全体の流れの中でこの章で説明することとしたが、必ずしも、再成長を行う際に限った話ではない。中小企業施策については、事業承継の早い段階から情報収集を行っておくことで、活用の機会を多く得ることができるだろう。

掟その31　経営者保証を外す

▼経営者保証は心の重荷

多くの中小企業の経営者は、会社の借入金の連帯保証人になっている。後継者へ代表の座を譲ったからといって、当然のように個人保証を外してくれるかというと、そんなことは決してない。状況によっては、金融機関が後継者自身の連帯保証を求めることも不思議ではない。

とはいえ、経営から離れて株式も保有していない前社長に、いつまでも連帯保証人という重荷を背負わすのは酷である。そこで、経営者保証を外してあげたいところなのだが、基本的には金融機関との交渉以外に、前社長の保証を外す方法はない。

前社長の保証を外すためには、平成二十六年二月から適用されている「経営者保証に関するガイドライン」（以下「ガイドライン」とする）を理解して、準備を進めよう。ガイドラインには法的な拘束力はないものの、中小企業、経営者、金融機関共通の自主的なルールと位置づけられており、それらの関係者が自発的に尊重し、遵守することが期待されている。新規融資はもとより既存契約の融資についても、融資条件の見直しや借り換えなどの際に考慮されることになっている。

時折勘違いされている経営者の方がおられるが、無条件に保証が外れるわけではない。ガイドラインでは、主たる債務者および保証人における対応として、「法人と経営者の関係の明確な区分・分離」「財務基盤の強化」「財務状況の正確な把握、適時適切な情報開示等による経営の透明性確保」の三つの経営状況を満たすことが求められている。

事業承継の際には、①前経営者の保証を解除、②既存契約について保証を求めない、③新規に無保証で融資、の三つが検討の対象となる。先に挙げた条件には明確な数値基準は示されておらず、ある程度の対応ができているということであれば、商工会議所や中小企業基盤整備機構の地域本部に相談してみるとよい。専門家派遣制度があり、年間三回まで無料で、弁護士・会計士・税理士等の専門家の支援を受けられる。

中小企業庁の公表情報からは、「新規に無保証で融資」と「保証契約の解除」に比べ、「経営者保証の代替的な融資手法の活用」の占める割合が多いことがわかる。これは、経営者保証を直接求めない代わりに、停止条件付（特約条項に抵触しない限り保証債務の効力が発生しない）または解除条件付（特約条項を充足する場合は保証債務が効力を失う）の保証契約や、ＡＢＬ（Asset Based Lending：動産担保融資）を活用しているケースが多いことを表している。

関係者へのヒアリングでは、ガイドラインを利用して保証を外せた割合は、一ケタ台の割合でしかないようである。

ただしこの数字には、そもそも基本的な条件を満たしていない企業からの相談も相当数、計算の分母に含まれているようで、あまり残念がらなくともよい。事業承継における各種の取り組みを通じて、しっかりと満たすべき経営状況にあるならば、自信を持って交渉すればよいのである。

掟 その32 社長〝幸退《こうたい》〟の条件

▼選択肢を広げておく

あなた自身の事業承継についてはどう考えるべきか、これについても触れておきたい。親となった後継者の中には、将来、跡を継がせることも視野に入れて、幼少の頃から英才教育を施す方もおられる。

だが、それだけに選択肢を絞ってしまうのだけはやめたほうがよいだろう。現実としてこの先、五年、十年と会社が継続しないことには、実子への承継などあったものではない。明日あなたの身に何かが起こらないとも限らないため、自分に代わる存在を徐々に育てていくことも重要なミッションである。

▼チャレンジさせる

自分に代わることのできそうな人物が、社内にいるだろうか？

父親とあなたに違いがあったように、自分と同じようでなければ候補にならないかというと、そうではない。取締役や部門長の中から、これはと思う人物にどんどん重要な仕事を任せてみる。成功を着実に積み重ねていく人もいるであろうし、一度の失敗から大きく成長する人もいるかもしれない。どちらにしても、ある程度時間が必要なことであるので、業績が好調なときでなければこのチャレンジはできない。

「候補者に社内のいろいろな立場を経験させることは必要か」という質問を頂戴する。その回答は会社の状況によって違う。その人間が異動すると仕事が回らなくなってしまう状況であれば、いろいろな立場を経験させることは難しい。逆に、知の承継がうまく進んでいるのであれば、それも可能となるかもしれない。また、チーム活動等で、他部署、他部門の状況をしっかりと把握できているのであれば、あえて異動することもないだろう。

このように、会社の状況によって、最適な後継者育成の方法は異なる。どんな後継者育成の方法であったとしても、諸々の活動を観察して、次の四つの「望」によって、後継者候補を絞り込んでいくことになる。

◆後継者候補絞込みのための、四つの「望」

・**人望**…あなたが自分の求心力を気にかけてきたように、後継者候補の人物が周りを巻き込み、そして人を惹きつけることができるかどうかは重要なチェック事項である。

・**展望**…大局的かつ俯瞰的にものを見られるか、内部だけでなく外部環境の情報に積極的に触れているか、具体的な道筋を描ける能力があるかどうかをチェックする。

・**希望**…人望と展望が備わることによって、周りの人間たちに希望を与えることができる。「この人についていけば、明るい未来がある」と思える人でなければならない。

・**野望**…現在の力量よりも少し大きいくらいの目標を持っていなければ、会社の成長は期待できない。現状を是とせず、常に進化し続ける人物であることが望ましい。

特に、「人望」と「展望」は大切である。人を動かせるか、未来を動かせるか、人によってその備わり方のバランスが異なることもあるだろう。

どちらのタイプを優先すべきか？　そんなときは、彼らが自分に足りない部分をどう補おうとしているか、そこをチェックしてみるとよい。きっとあなたもそうであったように、組織のリーダーがなんでも社内で一番である必要はなく、できる人を巻き込んで結果を出す能力のほうが大切だと学んだはずである。

冷静に選択する

後継者候補の選択と育成にあたっては、常に冷静でなければならない。時間と条件を決めてチェックポイントを設け、客観的に判断し、その都度、後継者候補の育成と教育を継続させるかどうかの判断をしていくことになる。

場合によっては、他の選択肢も検討する。つまり、社外の第三者を招聘《しょうへい》するのか、それとも会社をM&Aするのか、あるいは廃業するのか。自社の事業価値や雇用の問題、地域経済への影響等を総合的に鑑みて、最善と思う選択をすることが、あなたの最後の責任である。

おわりに

遠い昔、「将来を約束された息子」をうらやましく思っていた時期がありました。本人の才能や努力とは関係なく、部下に指示を出して自分は苦労せず、いい給料をもらっていい暮らしをするのだろうと……。

ところが実際、この業界に身を置いてだいぶ月日が経ったものの、そんな人にお会いしたことは、ただの一度もありません。若輩者であった私の乏しい想像力を笑われても、しかたがないでしょう。

後継者の方々が、皆一様に同じ苦労をされていることを目の当たりにし、私の理解は完全に改まりました。そのときから、私の〝おせっかい魂〟に火がつき、多くの後継者の方々を支援させていただくことになりました。

長らく手腕を振るってきた社長の支援とは違い、後継者支援では、なかなか思うように事が進まないのが常です。後継者が抱えるストレスやプレッシャーは、こちらまでひしひしと伝わってきます。そんなときは、「焦らず、じっくり、着実に」とお伝えします。安っぽいアドバイスかもしれませんが、本当にそれしかないのです。

自分の理想の社長像をゴールとして、エベレスト登頂に例えた後継者の方がいます。想像を絶するほどに大変なことだと認識されていたようです。「準備もせずにいきなり登り出せば、おそらく、頂上を拝むことなく早々に挫折するだろう。何年もかけてトレーニングを行い、入念に準備し、そして一歩ずつ足を進めるほかない」、まさにその通りです。少しずつでも、行動を止めなかった方だけがたどり着ける世界が、必ずあります。

ひとつずつ、ひとつずつ、結果を出すことにこだわってください。「自分にもできた」「またできた」という感覚が自信につながります。その小さな自信の積み重ねこそが、後継者としての成長の証です。出会った当初は、猫背のままボソボソ話すような人であっても、不思議なもので、自信の積み重ねは人を頼もしく見せてくれます。

私がご支援をさせていただく内容はほんの一部であって、社長ご自身の頑張りと苦労があってこその成長なのですが、従業員から信頼され、立派に社長業に精進されているのを見たときは、まるでわが子の成長を見ているかのように嬉しくなってしまいます。これからも、覚悟を持って「やる」と決めた後継者の方と出会い、時に厳しく、時に優しく、応援したいと思っています。

最後に、本書を推薦していただいた株式会社伍魚福《ごぎょふく》、代表取締役社長の山中勧《かん》様に厚く御礼申し上げます。また本書の執筆にあたっては、前著『赤字ぐせを脱するための40の逆転思考　社長！　その発想が赤字の原因です！』に続き、青月社の小松久人様に多大なご協力をいただきました。改めて感謝申し上げます。

小島規彰

◉著者プロフィール

小島規彰（こじま・のりあき）

朝日税理士法人　ビジネスコンサルティング部門　シニアマネージャー
東京都立大学理学部物理学科卒。事業企画、営業、ＳＥ、管理本部、監査室等を経て現職。綺麗事・一般論に終わらない具体的な解を導くことが信条。引き出しの多さとわかりやすい説明、結果が出る具体的な提案に、多くの社長が信頼を寄せる。行政や金融機関からの依頼は年間数十件を超え、相場の３倍を払ってでも顧問に迎えたいという社長が後を絶たない人気コンサルタントである。中小企業診断士、システム監査技術者。

著書
『赤字ぐせを脱するための40の逆転思考　社長！その発想が赤字の原因です！』
（青月社、2016年３月）

ウェブサイト「経営コンサルタント 黒谷ひかり」を運営中。
http://www.kurotani-hikari.com/

朝日税理士法人／朝日ビジネスサービス株式会社
平成14年の設立以来、税務・会計・ビジネスの分野について、法人から個人まで幅広い顧客層へのワンストップサービスを展開している。当法人の理念は、常にお客様の「笑顔」を一番に考えることである。専門性を発揮したきめ細やかなサービスにご満足いただいた「笑顔」を最高の喜びとして、当法人の従業員もはじめて「笑顔」になれる。そうでなければ、お客様との間に、本当の信頼関係は生まれない。「smile＆smile」、それが私たちの想いである。

＜用賀事務所＞
　東京都世田谷区玉川台2-3-20　第５YNビル
　TEL 03-3700-3331　FAX 03-3700-8942

＜永田町事務所＞
　東京都千代田区平河町2-7-4　砂防会館別館Ａ５階
　TEL 03-6865-6090　FAX 03-6865-6091

ホームページ
http://www.asahitax.jp/
http://www.asahi-bs.com/

会社を継ぐあなたが知っておくべき

事業承継 そのプロセスとノウハウ

「ストーリー＋解説」で理解する32のポイント

発行日　2016年 10月27日　第１刷

定　価　本体1800円＋税

著　者　小島規彰（朝日税理士法人）

発　行　株式会社 青月社
〒101-0032
東京都千代田区岩本町3-2-1 共同ビル8F
TEL 03-6679-3496　FAX 03-5833-8664

印刷・製本　株式会社シナノ

ISBN 978-4-8109-1309-5